"十三五"国家重点图书出版规划项目

中国社会科学院创新工程学术出版资助项目

新版《列国志》编辑委员会

列国志

GUIDE TO
THE WORLD
NATIONS

新版

王作成

编著

COOK ISLANDS

库克群岛

社会科学文献出版社
SOCIAL SCIENCES ACADEMIC PRESS (CHINA)

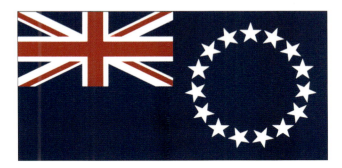

库克群岛国旗

库克群岛国徽

议会（刘敏 摄）

总理办公室外景（刘敏 摄）

女王代表官邸外景（刘敏 摄）

最高酋长院（刘敏　摄）

中国援建的高等法院（刘敏　摄）

中国援建的警察局（刘敏　摄）

电信局（刘敏　摄）

拉罗汤加医院（刘敏　摄）

库克群岛居民
（太平洋岛国贸易与投资专员署 供图）

传统工艺品
（太平洋岛国贸易与投资专员署 供图）

传统表演
（太平洋岛国贸易与投资专员署 供图）

库克群岛发行的邮票（程宗宇　摄）

库克群岛发行的硬币（程宗宇　摄）

阿瓦鲁阿街头一瞥（刘敏　摄）

酒店（刘敏　摄）

民居（刘敏　摄）

水上活动（一）（太平洋岛国贸易与投资专员署　供图）

水上活动（二）（太平洋岛国贸易与投资专员署　供图）

出版说明

　　《列国志》编撰出版工作自 1999 年正式启动，截至目前，已出版 144 卷，涵盖世界五大洲 163 个国家和国际组织，成为中国出版史上第一套百科全书式的大型国际知识参考书。该套丛书自出版以来，受到社会各界的广泛好评，被誉为"21 世纪的《海国图志》"，中国人了解外部世界的全景式"窗口"。

　　这项凝聚着近千学人、出版人心血与期盼的工程，前后历时十多年，作为此项工作的组织实施者，我们为这皇皇 144 卷《列国志》的出版深感欣慰。与此同时，我们也深刻认识到当今国际形势风云变幻，国家发展日新月异，人们了解世界各国最新动态的需要也更为迫切。鉴于此，为使《列国志》丛书能够不断补充最新资料，更好地服务于社会各界，我们决定启动新版《列国志》编撰出版工作。

　　与已出版的 144 卷《列国志》相比，新版《列国志》无论是形式还是内容都有新的调整。国际组织卷次将单独作为一个系列编撰出版，原来合并出版的国家将独立成书，而之前尚未出版的国家都将增补齐全。新版《列国志》的封面设计、版面设计更加新颖，力求带给读者更好的阅读享受。内容上的调整主要体现在数据的更新、最新情况的增补以及章节设置的变化等方面，目的在于进一步加强该套丛书将基础研究和应用对策研究相结合，将基础研究成果应用于实践的特色。例如，增加了各国有关资源开发、环境治理的内容；特设"社会"一章，介绍各国的国民生活情况、社会管理经验以及存在的社会问题，等等；增设"大事纪年"，方便读者在短时间内熟悉各国的发展线索；增设"索引"，便于读者根据人名、地名、关键词查找所需相关信息。

顺应时代发展的要求，新版《列国志》将以纸质书为基础，全面整合国别国际问题研究资源，构建列国志数据库。这是《列国志》在新时期发展的一个重大突破，由此形成的国别国际问题研究与知识服务平台，必将更好地服务于中央和地方政府部门应对日益繁杂的国际事务的决策需要，促进国别国际问题研究领域的学术交流，拓宽中国民众的国际视野。

新版《列国志》的编撰出版工作得到了各方的支持：国家主管部门高度重视，将其列入"'十二五'国家重点图书出版规划项目"；中国社会科学院将其列为创新工程学术出版资助项目，王伟光院长亲自担任编辑委员会主任，指导相关工作的开展；国内各高校和研究机构鼎力相助，国别国际问题研究领域的知名学者相继加入编辑委员会，提供优质的学术指导。相信在各方的通力合作之下，新版《列国志》必将更上一层楼，以崭新的面貌呈现给读者，在中国改革开放的新征程中更好地发挥其作为"知识向导"、"资政参考"和"文化桥梁"的作用！

新版《列国志》编辑委员会
2013 年 9 月

前　言

　　自 1840 年前后中国被迫开关、步入世界以来，对外国舆地政情的了解即应时而起。还在第一次鸦片战争期间，受林则徐之托，1842 年魏源编辑刊刻了近代中国首部介绍当时世界主要国家舆地政情的大型志书《海国图志》。林、魏之目的是为长期生活在闭关锁国之中、对外部世界知之甚少的国人"睁眼看世界"，提供一部基本的参考资料，尤其是让当时中国的各级统治者知道"天朝上国"之外的天地，学习西方的科学技术，"师夷之长技以制夷"。这部著作，在当时乃至其后相当长一段时间内，产生过巨大影响，对国人了解外部世界起到了积极的作用。

　　自那时起中国认识世界、融入世界的步伐就再也没有停止过。中华人民共和国成立以后，尤其是 1978 年改革开放以来，中国更以主动的自信自强的积极姿态，加速融入世界的步伐。与之相适应，不同时期先后出版过相当数量的不同层次的有关国际问题、列国政情、异域风俗等方面的著作，数量之多，可谓汗牛充栋。它们对时人了解外部世界起到了积极的作用。

　　当今世界，资本与现代科技正以前所未有的速度与广度在国际流动和传播，"全球化"浪潮席卷世界各地，极大地影响着世界历史进程，对中国的发展也产生极其深刻的影响。面临不同以往的"大变局"，中国已经并将继续以更开放的姿态、更快的步伐全面步入世界，迎接时代的挑战。不同的是，我们所面临的已不是林则徐、魏源时代要不要"睁眼看世界"、要不要"开放"的问题，而是在新的历史条件下，在新的世界发展大势下，如何更好地步入世界，如何在融入世界的进程中更好地维护民族国家的主权与独立，积极参与国际事务，为维护世界和平，促进世界与人类共同发展做出贡献。这就要求我们对外部世界有比以往更深切、全面的了解，我们只有更全面、更深入地了解世界，才能在更高的层次上融入世界，也才能在融入世界的进程中不迷失方向，保持自我。

与此时代要求相比，已有的种种有关介绍、论述各国史地政情的著述，无论就规模还是内容来看，已远远不能适应我们了解外部世界的要求。人们期盼有更新、更系统、更权威的著作问世。

中国社会科学院作为国家哲学社会科学的最高研究机构和国际问题综合研究中心，有 11 个专门研究国际问题和外国问题的研究所，学科门类齐全，研究力量雄厚，有能力也有责任担当这一重任。早在 20 世纪 90 年代初，中国社会科学院的领导和中国社会科学出版社就提出编撰"简明国际百科全书"的设想。1993 年 3 月 11 日，时任中国社会科学院院长的胡绳先生在科研局的一份报告上批示："我想，国际片各所可考虑出一套列国志，体例类似几年前出的《简明中国百科全书》，以一国（美、日、英、法等）或几个国家（北欧各国、印支各国）为一册，请考虑可行否。"

中国社会科学院科研局根据胡绳院长的批示，在调查研究的基础上，于 1994 年 2 月 28 日发出《关于编纂〈简明国际百科全书〉和〈列国志〉立项的通报》。《列国志》和《简明国际百科全书》一起被列为中国社会科学院重点项目。按照当时的计划，首先编写《简明国际百科全书》，待这一项目完成后，再着手编写《列国志》。

1998年，率先完成《简明国际百科全书》有关卷编写任务的研究所开始了《列国志》的编写工作。随后，其他研究所也陆续启动这一项目。为了保证《列国志》这套大型丛书的高质量，科研局和社会科学文献出版社于1999年1月27日召开国际学科片各研究所及世界历史研究所负责人会议，讨论了这套大型丛书的编写大纲及基本要求。根据会议精神，科研局随后印发了《关于〈列国志〉编写工作有关事项的通知》，陆续为启动项目拨付研究经费。

为了加强对《列国志》项目编撰出版工作的组织协调，根据时任中国社会科学院院长的李铁映同志的提议，2002年8月，成立了由分管国际学科片的陈佳贵副院长为主任的《列国志》编辑委员会。编委会成员包括国际片各研究所、科研局、研究生院及社会科学文献出版社等部门的主要领导及有关同志。科研局和社会科学文献出版社组成《列国志》项目工作组，社会科学文献出版社成立了《列国志》工作室。同年，《列国志》项目被批准为中国社会科学院重大课题，新闻出版总署将《列国志》项目列入国家重点图书出版计划。

在《列国志》编辑委员会的领导下，《列国志》各承担单位尤其是各位学者加快了编撰进度。作为一项大型研究项目和大型丛书，编委会对《列国志》提出的基本要求是：资料翔实、准确、最新，文笔流畅，学术性和可读性兼备。《列国志》之所以强调学术性，是因为这套丛书不是一般的"手册""概览"，而是在尽可能吸收前人成果的基础上，体现专家学者们的研究所得和个人见解。正因为如此，《列国志》在强调基本要求的同时，本着文责自负的原则，没有对各卷的具体内容及学术观点强行统一。应当指出，参加这一浩繁工程的，除了中国社会科学院的专业科研人员以外，还有院外的一些在该领域颇有研究的专家学者。

现在凝聚着数百位专家学者心血，共计141卷，涵盖了当今世界151个国家和地区以及数十个主要国际组织的《列国志》丛书，将陆续出版与广大读者见面。我们希望这样一套大型丛书，能为各级干部了解、认识当代世界各国及主要国际组织的情况，了解世界发展趋势，把握时代发展脉络，提供有益的帮助；希望它能成为我国外交外事工作者、国际经贸企业及日渐增多的广大出国公民和旅游者走向世界的忠实"向导"，引领其步入更广阔的世界；希望它在帮助中国人民认识世界的同时，也能够架起世界各国人民认识中国的一座"桥梁"，一座中国走向世界、世界走向中国的"桥梁"。

《列国志》编辑委员会
2003 年 6 月

序

于洪君[*]

　　太平洋岛国地处太平洋深处，主要指分布在大洋洲除澳大利亚和新西兰以外的 20 余个国家和地区。太平洋岛国历史悠久，早在公元前 8000 年前就有人类居住。在近代西方入侵之前，太平洋岛国大多处于原始社会时期。随着西方殖民者不断入侵，太平洋岛国相继沦为殖民地。二战结束后，这一区域主要实行托管制，非殖民化运动在各国随即展开。从 1962 年萨摩亚独立至今，该地区已有 14 个国家获得独立，分别是萨摩亚、库克群岛、瑙鲁、汤加、斐济、纽埃、巴布亚新几内亚、所罗门群岛、图瓦卢、基里巴斯、瓦努阿图、马绍尔群岛、密克罗尼西亚联邦和帕劳。

　　太平洋岛国所在区域战略位置重要。西北与东南亚相邻，西连澳大利亚，东靠美洲，向南越过新西兰与南极大陆相望。该区域还连接着太平洋和印度洋，扼守美洲至亚洲的太平洋运输线，占据北半球通往南半球乃至南极的国际海运航线，是东西、南北两大战略通道的交汇处。不仅如此，太平洋岛国和地区还拥有 2000 多万平方公里的海洋专属区，海洋资源与矿产资源丰富，盛产铜、镍、

---

　　* 原中国驻乌兹别克斯坦大使、中共中央对外联络部原副部长、全国政协外事委员会委员、中国人民争取和平与裁军协会副会长、聊城大学太平洋岛国研究中心名誉主任。

金、铝矾土、铬等金属和稀土，海底蕴藏着丰富的天然气和石油。近年来，该区域已经成为世界各大国和新兴国家战略博弈的竞技场。

太平洋岛国也是 21 世纪海上丝绸之路的自然延伸和亚太一体化的重要组成部分。中国同太平洋岛国的传统友谊和文化交往源远流长，早在 19 世纪中期就有华人远涉重洋移居太平洋岛国，参与了这一地区的开发。近年来，中国与太平洋岛国的合作日渐加强，在政治、经济、文化、教育等领域都取得丰硕成果。目前，中国在南太平洋地区拥有最大规模的外交使团。同时，中国在经济上也成为该地区继澳大利亚和美国之后的第三大援助国，并设立了"中国－太平洋岛国论坛"、"中国－太平洋岛国经济技术合作论坛"等对话沟通平台。2014 年 11 月，中国国家主席习近平在斐济与太平洋建交岛国领导人举行集体会晤，一致决定构建相互尊重、共同发展的战略合作伙伴关系，携手共筑命运共同体，为中国与太平洋岛国关系掀开历史新篇章。

由于太平洋岛国地少人稀，且长期远离国际冲突热点，处于世界事务的边缘，因而在相当长一段时期被视为"太平洋最偏僻的地区"。中国的地区国别研究长时期以来主要聚焦于近邻国家，加之资料有限，人才不足，信息沟通偏弱，对太平洋岛国关注度较低，因此国内学界对此区域总体上了解不多，研究成果比较匮乏。而美、英、澳、新等西方学者因涉足较早，涉猎较广，且有充足的资金与先进的手段作支撑，取得了不菲的成果，但这些成果多出于西方国家的全球战略及本国利益的需要，其立场与观点均带有浓厚的西方色彩，难以完全为我所用。

近年来，随着中国融入世界的步伐不断加快，国际地位显著提高，中国在全球的利益分布日趋广泛。与越来越多的国家和地区进行友好交往并扩大互利合作，是日渐崛起的中国进一步参与全球化进程，开展中国特色大国外交的客观要求，也是包括太平洋岛国在内的国际社会对中国的殷切期待。更全面更深入的地区研究，必将为中国进一步发挥国际影响力，大步走向世界舞台中心提供强有力的支持。2011 年 11 月，教育部向各高校下发《关于培育区域和国别以及国际教育研究基地的通知》和《高等学校哲学社会科学"走出去"计划》，希望建设一批既具有专业优势又能产生重要影响的智囊团和思想库。中共中央政治局委员、国务院副总理刘延东也多次提及国别研究立项和"民间智库"问题，鼓励有条件的大学新设国别研究机构。

在这种形势下，聊城大学审时度势，结合国家战略急需、区域经济社会发展需求及自身条件，在历史文化与旅游学院"南太平洋岛国研究所"的基础上，整合世界史、外国语、国际政治等全校相关学科资源，于 2012 年 9 月成立了"聊城大学太平洋岛国研究中心"。中心聘请中国现代国际关系研究院副院长、中央电视台国际问题顾问、博士生导师李绍先研究员等为兼职教授。著名世界史学家、国家级教学名师王玮教授担任中心首席专家。密克罗尼西亚联邦驻华大使苏赛亚等多位太平洋岛国驻华外交官被聘为中心荣誉学术顾问。在有关各方的大力支持下，中心以太平洋岛国历史与社会形态、对外关系、政情政制、经贸旅游等为研究重点，致力于打造太平洋岛国研究领域具有专业优势和重要影响的国家智库，力图为国家和地方与太平洋岛国进行政治、经济、社会、文化等领域的交流与合作，增进中国和太平洋岛国人民之间的了解和友谊提供智力支撑和学术支持，为国内的太平洋岛国研究提供学术交流与互

动的平台。

中心建立以来，已取得一系列可喜成绩。目前中心已建成国内最齐全、图书数量达 3000 余册的太平洋岛国研究资料中心和数据库，并创建国内首个以太平洋岛国研究为主题的学术网站及微信公众号；定期编印《太平洋岛国研究通讯》，并向国家有关部门提交研究报告；在研省部级以上课题 8 项。2014 年，中心成功举办了国内首届"太平洋岛国研究高层论坛"，论坛被评为"山东社科论坛十佳研讨会"，与会学者提交的 20 余篇优秀论文辑为《太平洋岛国的历史与现实》，由山东大学出版社于 2014 年 12 月正式出版。《太平洋学报》2014 年第 11 期刊载了中心研究人员的 12 篇学术论文，澳大利亚《太平洋历史杂志》（*The Journal of Pacific History*）对中心学者及其研究成果进行了介绍。这表明，太平洋岛国研究中心的研究开始引起国内外学术界的关注。

中心成立伊始，负责人陈德正教授就提出了编撰太平洋岛国丛书的设想，并组织了编撰队伍，由吕桂霞教授拟定了编撰体例，李增洪教授、王作成博士等也做了不少编务工作。在丛书编撰过程中，适逢社会科学文献出版社承担的中国社会科学院创新工程学术出版资助项目、"十二五"国家重点图书出版规划项目——新版《列国志》编撰出版工作启动。考虑到《列国志》丛书所拥有的品牌影响力和社会美誉度，研究中心积极申请参与新版《列国志》编撰出版工作。在社会科学文献出版社谢寿光社长、人文分社宋月华社长的大力支持下，中心人员编撰的太平洋岛国诸卷得以列入新版《列国志》丛书，给中心以极大的鼓舞和激励。为了使中心人员编撰的太平洋岛国诸卷更加符合新版《列国志》的编撰要求，人文分社总编辑张晓莉女士在编撰体例调整方面给予了诸多帮助。

在此一并致谢。

　　因其特殊的地缘特征，太平洋岛国战略价值的重要性毋庸置疑，同时，在中国建设 21 世纪海上丝绸之路的过程中，作为中国大周边外交格局一分子的太平洋岛国的重要性也不言而喻。新版《列国志》太平洋岛国诸卷的出版，不仅可填补国内在太平洋岛国研究领域的空白，同时也为我国涉外机构、高等院校、科研机构及出境旅行人员提供一套学术性、知识性、实用性、普及性兼顾的有关太平洋岛国的图书。一书在手，即可明了对国人而言充满神秘色彩的太平洋诸岛国的历史、民族、宗教、政治、经济以及外交等基本情况。聊城大学太平洋岛国研究中心也将以新版《列国志》太平洋岛国诸卷的出版为契机，将太平洋岛国研究逐步推向深入。

CONTENTS

目 录

第一章　概　　览／1

第一节　国土与人口／1

一　地理位置／1

二　国土面积／2

三　地形与气候／2

四　行政区划／4

五　人口、民族、语言／5

六　国旗、国徽、国歌／8

第二节　宗教与民俗／10

一　宗教／10

二　节日／13

三　民俗／15

第三节　特色资源／22

第二章　历　　史／33

第一节　西方殖民者抵达之前的早期史／33

第二节　"发现"库克群岛及西方传教士的进入／35

一　"发现"库克群岛／35

二　欧洲人在库克群岛的早期活动／40

第三节　英国殖民时期／41

第四节　新西兰殖民时期／43

CONTENTS

目 录

第五节　建国后的历史／47

第六节　著名历史人物／49

第三章　政　　治／53

第一节　国体与政体／53

　　一　国家元首／53

　　二　女王代表／54

第二节　宪法与选举制度／55

　　一　宪法／55

　　二　选举制度／57

　　三　建国后历届大选／58

第三节　行政／62

　　一　总理和内阁／62

　　二　行政委员会／63

　　三　地方行政机构／64

　　四　公共服务委员会／65

第四节　立法与司法／66

　　一　议会／66

　　二　最高酋长院与库图努伊／69

　　三　司法机构／70

第五节　政党、社会团体与武装力量／72

　　一　政党／72

CONTENTS
目　录

　　二　社会团体 / 73

　　三　武装力量 / 75

第四章　经　　济 / 77

第一节　经济概况 / 77

第二节　农业 / 79

　　一　种植业 / 79

　　二　渔业 / 81

　　三　林业 / 87

第三节　工业 / 88

　　一　能源产业 / 88

　　二　采矿业 / 90

　　三　加工业 / 91

第四节　旅游业 / 91

第五节　交通运输与邮电 / 94

　　一　交通运输 / 94

　　二　邮电 / 96

第六节　金融业 / 97

　　一　法律法规和管理机构 / 97

　　二　主要银行 / 99

第七节　对外经济关系 / 100

　　一　对外贸易 / 100

CONTENTS
目　录

二　外来投资／101

三　国际援助／103

第五章　社　　会／105

第一节　社会结构与社会关系／105

第二节　国民生活／107

一　就业／108

二　收入与消费／110

三　社会福利／111

四　饮用水供给／111

五　性别问题／112

第三节　医疗卫生／113

一　医疗卫生概况／113

二　主要疾病／115

三　卫生部门的培训／117

第四节　环境保护／118

一　环境问题／118

二　环境治理与保护措施／123

第六章　文　　化／127

第一节　教育／127

一　教育简史／127

CONTENTS
目 录

二 教育概况／131

三 教育管理体制／134

第二节 文学、艺术／134

一 文学／134

二 艺术／136

第三节 体育／139

一 主要体育运动／139

二 国际赛事／141

第四节 新闻出版／142

一 广播电台／142

二 电视台／143

三 报纸／143

四 互联网／144

第七章 外 交／145

第一节 外交概况／145

第二节 与澳大利亚、新西兰的关系／147

一 与澳大利亚的关系／147

二 与新西兰的关系／148

第三节 与日本、印度的关系／151

一 与日本的关系／151

二 与印度的关系／152

CONTENTS
目 录

第四节　与中国的关系 / 153

　　一　两国关系简史 / 153

　　二　主要合作领域 / 155

　　三　存在的问题 / 156

第五节　与美国、欧盟的关系 / 157

　　一　与美国的关系 / 157

　　二　与欧盟的关系 / 158

第六节　与地区组织、国际组织的关系 / 160

　　一　与南太地区区域组织的关系 / 160

　　二　与亚洲开发银行等国际组织的关系 / 161

大事纪年 / 163

参考文献 / 169

索　引 / 173

第一章

概　览

库克群岛（Cook Islands）国名的由来与英国著名航海家詹姆斯·库克（James Cook，1728－1779）有关。1773～1777 年库克船长曾三次抵达此群岛，为纪念英国海军副大臣奥古斯都·约翰·赫维（Augustus John Hervey，1724－1779），库克最初曾将此群岛命名为赫维群岛。1824 年，俄匡人冯·克洛森斯特恩将赫维群岛命名为库克群岛，以向伟大航海家詹姆斯·库克船长致敬，库克群岛的名字逐渐沿用至今。

第一节　国土与人口

一　地理位置

库克群岛位于南太平洋波利尼西亚群岛南部，地理坐标为南纬 8°～23°、西经 156°～167°，处于波利尼西亚三角地带正中心。东与法属波利尼西亚的塔希提岛相距 1140 千米，北与基里巴斯的莱恩群岛相望，西与萨摩亚和纽埃相邻。国土南北相距 1300 千米左右。

二 国土面积

库克群岛陆地面积 236.7 平方千米①，海岸线长 120 千米②。海洋专属经济区约 200 万平方千米。

库克群岛由南太平洋波利尼西亚群岛中的 15 个岛礁组成。根据地理和历史因素，库克群岛传统上被分为北库克群岛和南库克群岛。南库克群岛由拉罗汤加岛（Rarotonga）、芒艾亚岛（Mangaia）、艾图塔基岛（Aitutaki）、阿蒂乌岛（Atiu）、毛凯岛（Mauke）、米蒂亚罗岛（Mitiaro）、马努瓦埃环礁（Manuae）和塔库特阿岛（Takutea）共 8 个岛礁组成③，8 个岛礁均为水深 4500~5000 米的海底火山露出海面而形成。北库克群岛包括 7 个岛礁，即帕默斯顿环礁（Palmerston）④、彭林环礁（Penrhyn）、马尼希基环礁（Manihiki）、拉卡杭阿环礁（Rakahanga）、普卡普卡环礁（Pukapuka）、纳索岛（Nassau）、苏沃洛夫环礁（Suwarrow），多为珊瑚礁。其中拉罗汤加岛是 15 个岛礁中最大的一个，面积为 67.1 平方千米，约占国土总面积的 28%。⑤

三 地形与气候

（一）地形
库克群岛南部岛屿地势较高、面积较大，土地肥沃，多为火山

---

① 库克群岛 2016 年人口普查统计数据，参见 http://mfem.gov.ck/census。

② https://www.cia.gov/library/publications/the-world-factbook/geos/cw.html.

③ 因拉罗汤加岛在库克群岛一般被视为城市地区，其他的岛礁被视作农村地区，因此，一些统计资料或著作经常把拉罗汤加岛单列，与南库克群岛、北库克群岛并列。

④ 在库克群岛政府统计资料中，帕默斯顿环礁被划入北库克群岛，比如在人口普查时，政府均把此地划归北部。但是，不少著作对此存在争议。此处沿用政府资料的说法。

⑤ http://www.mfem.gov.ck/docs/Stats/2012/Census/2011%20Cook%20Islands%20Population%20Census%20Report.pdf.

岛，约占国土面积的 90%。米蒂亚罗岛、阿蒂乌岛和芒艾亚岛上，礁崖内部基底的沼泽地带皆有小湖泊。艾图塔基岛是被严重冲蚀并有部分下沉的火山岛，外围有环礁湖和环状珊瑚岛。南库克群岛的马努瓦埃环礁、塔库特阿岛和北库克群岛的各岛都是环礁或礁岛。北部岛屿多为弹丸小珊瑚岛或环礁，地平土瘠。

南库克群岛岛屿上的山峰及起伏的山坡渐降向外延伸，外围有岩礁群，岩礁群以里则往往有潟湖。山峰及山坡一直伸展到以珊瑚石灰石暗礁为基底的沼泽湿地。陡峭的礁崖高度参差不一，呈锯齿状，顺势延伸而下形成狭窄海滩，外围有岩礁群环绕。较高的火山岛上有河川，河水注入沼泽地和流入石灰岩崖底。阿蒂乌岛和芒艾亚岛上，河川形成石钟乳洞穴。拉罗汤加岛中部的蒂曼加峰海拔 652 米，为全国最高峰。

（二）气候

库克群岛属热带雨林气候，气候湿润，日照充足，夏天比较炎热，冬天时晚上则比较凉爽，年平均气温约为 24℃。年均降雨量 2000 毫米左右。但各岛降雨量分布不等，拉罗汤加岛年降雨量约为 2000 毫米，北部各礁岛则为 2540 毫米左右。拉罗汤加岛高山耸立，因而雨水较多。拉罗汤加岛上空时常雨云盘绕，但海岸附近则往往阳光明媚，不过倾盆大雨也常陡然而至。其他有些岛屿雨水较少，有时还缺水。降雨高峰期在 12 月到次年 3 月，每月大约有 250 毫米的降雨。这个阶段也是全年最热的时期，2 月的气温徘徊于 23℃ 到 29℃，而 7 月到 9 月的气温则在 18℃ 到 25℃ 之间。台风季节在 11 月至次年 3 月，一般每 10 年会有 2~3 次台风登陆库克群岛，但破坏性大的强台风一般 20 年一次。

四　行政区划

库克群岛的主岛为拉罗汤加岛，目前分为 5 个区：阿瓦鲁阿区
（Avarua）、阿罗朗伊区（Arorangi）、马塔韦拉区（Matavera）、恩加唐
利亚区（Ngatangiia）、蒂蒂卡韦卡区（Titikaveka）。拉罗汤加岛传统上
曾划分为 3 个区。1997 年，拉罗汤加岛通过《1997 年拉罗汤加地方政
府法案》，该法案规定，根据传统的部落分区，拉罗汤加岛划分为三个
"瓦卡"（相当于"区"），即位于西部的普埃库拉（Puaikura）、位于北
部的特奥欧汤加（Te Au O Tonga）、位于东南部的塔基图穆
（Takitumu），并相应地设立三个瓦卡委员会进行管理。1998 年 11 月，
拉罗汤加岛举行选举，选举出首届瓦卡委员会主任和委员。2008 年 2
月 8 日，库克群岛政府称拉罗汤加岛的瓦卡委员会没有履行相应的义
务，三个瓦卡委员会随之解散。但同时，根据地域，拉罗汤加岛又划
分为 5 个区，即阿瓦鲁阿区（所在区域与特奥欧汤加基本等同）、阿罗
朗伊区（约等同于普埃库拉）、恩加唐利亚区、蒂蒂卡韦卡区、马塔韦
拉区，后三者与原来的塔基图穆基本重合。

拉罗汤加岛以外的其他有人定居的岛屿被划分为 10 组，并相应
地设置了 10 个岛屿委员会。有的岛屿委员会辖区又被划分为若干个
区。每个区包含若干"塔皮尔"（Tapere），相当于"村"，如拉罗汤
加岛 5 个区共下辖 54 个"塔皮尔"。10 个岛屿委员会分别是艾图塔
基岛岛屿委员会（包含无人居住的马努瓦埃环礁）、芒艾亚岛岛屿委
员会、阿蒂乌岛岛屿委员会（包含无人居住的塔库特阿岛）、毛凯岛
岛屿委员会、米蒂亚罗岛岛屿委员会、马尼希基环礁岛屿委员会、
彭林环礁岛屿委员会、拉卡杭阿环礁岛屿委员会、普卡普卡环礁岛屿
委员会（包括纳索岛与苏沃洛夫环礁）、帕默斯顿环礁岛屿委员会。

五　人口、民族、语言

（一）人口

库克群岛人口在 1971 年达到顶峰，为 21322 人。随着拉罗汤加国际机场在 1974 年落成，大批库克群岛人移民新西兰以寻求更好的工作机会，库克群岛居民数量一度剧减。2011～2014 年的常住人口分别是 14974 人、14300 人、14100 人、13600 人，呈递减趋势，而且迁出人口年龄主要集中在 0～39 岁。这主要是因为移居新西兰、澳大利亚的库克群岛年轻国民越来越多，其目的是获取更高的报酬、更好的就业机会及接受更好的教育。2011 年，库克群岛进行了全国范围的人口普查。人口普查结果显示，库克群岛总人口为 17794 人，常住人口为 14974 人。在常住人口中，15 岁以下儿童为 4332 人，占常住人口总数的 29%；15～59 岁人口为 8720 人，占58%；60 岁及以上老年人口为 1922 人，占 13%。中值年龄为 29 岁；抚养率为 72%。男性常住人口为 7490 人，女性常住人口为 7484 人，男女性别比为 100.08。全国家庭数为 4372 户，户均 4 人。[①] 根据2016 年库克群岛人口普查初步统计数据，库克群岛 2016 年总人口为 17459 人，比 2011 年人口普查时减少 2%。其中，男性为 8597人，女性为 8862 人。[②] 库克群岛历次人口普查情况见表 1－1。

据亚洲开发银行 2014 年统计数据，库克群岛平均人口密度约为 78 人/平方千米。[③] 不过，库克群岛各地区人口分布严重不均，各岛的人口密度差异很大。根据 2016 年人口普查初步统计数据，

---

① Stastics Office, *Cook Islands 2011 Census of Population and Dwellings Main Report*，2012.

② http：//mfem. gov. ck/census.

③ http：//www. adb. org/sites/default/files/publication/175162/coo. pdf.

拉罗汤加岛集中了全国 75% 的人口，19% 的人口居住于南库克群岛其他岛屿，6% 的人口居住于北库克群岛。普卡普卡环礁人口密度最高，为 342 人/平方千米；拉罗汤加岛的人口密度是 194 人/平方千米；米蒂亚罗岛人口密度最低，仅为 7 人/平方千米。[①]

表 1-1　库克群岛历次人口普查情况

单位：人

人口普查年份	拉罗汤加岛	南部岛屿*	北部岛屿	总计
1902	2060	4289	1864	8213
1906	2441	4160	1917	8518
1911	2759	4312	1584	8655
1916	3064	4146	1595	8805
1921	3503	4308	1648	9459
1926	3936	4482	1664	10082
1936	5054	5279	1913	12246
1945	5573	6441	2074	14088
1951	6048	6744	2287	15079
1956	7212	6771	2697	16680
1961	8676	6921	2781	18378
1966	9971	6973	2303	19247
1971	11478	7549	2295	21322
1976	9802	6336	1988	18126
1981	9530	5912	2301	17743
1986	9826	5607	2181	17614
1991	10886	5512	2219	18617
1996	11225	5473	2405	19103
2001	12188	4061	1778	18027
2006	13890	4055	1397	19342
2011	13095	3586	1113	17794
2016	13044	3316	1099	17459

注：此处南部岛屿不包括拉罗汤加岛。
资料来源：库克群岛统计局。

① http://mfem.gov.ck/census.

（二） 民族

库克群岛是一个多民族国家。在民族构成上，国民大体上可分为库克群岛毛利人、混血库克群岛毛利人、以新西兰欧洲裔为主体的其他族群人。根据 2011 年人口普查报告，库克群岛毛利人占全国常住人口的 81%（12180 人），是最主要的族群；混血库克群岛毛利人占 7%（1005 人）；其他族群占 12%（1789 人）。以新西兰欧洲裔为主体的其他族群人绝大部分居住于主岛拉罗汤加岛，在 14 个外岛的居民中，库克群岛毛利人及混血库克群岛毛利人共占 96%。[①] 在当地土著居民中，比较特殊的是普卡普卡环礁上的居民。他们在语言和文化上与托克劳人和萨摩亚人相近，系在比较晚近的时期迁入该岛。至于帕默斯顿环礁上的居民，则多是英国人和当地妇女的混血后裔，他们讲的是一种古老英语。库克群岛人口增长较快，陆续迁居新西兰和澳大利亚的人口与日俱增。早在 13 世纪，库克群岛毛利人就远渡重洋赴新西兰定居。后由于与新西兰的特殊关系，库克群岛岛民可以自由移居新西兰、澳大利亚，故而目前侨居新西兰、澳大利亚的库克群岛人较多。新西兰 2013 年人口调查数据显示，居住在新西兰的库克群岛毛利人有 61839 人。[②] 侨汇也成了库克群岛的第一大外汇收入。另外库克群岛还有拥有英国、中国血统的国民。在近代时期，还有中国劳工从夏威夷、塔希提岛流落到拉罗汤加岛。

（三） 语言

库克群岛官方语言为英语、库克群岛毛利语为通用语言。岛上

[①] http：//www. mfem. gov. ck/docs/Stats/2012/Census/2011% 20Cook% 20Islands% 20Population % 20Census% 20Report. pdf.

[②] http：//www. stats. govt. nz/Census/2013 – census/profile – and – summary – reports/ quickstats – culture – identity/pacific – peoples. aspx.

居民为波利尼西亚人，在语言和文化传统上跟新西兰毛利人很相近。英语一般用于正式场合和行政管理工作中。库克群岛毛利语有时被称为"拉罗汤加语"，是整个群岛的交际媒介语，应用广泛，但各岛的库克群岛毛利语方言其实并不统一，主要的方言有米蒂亚罗方言、毛凯方言等6种，属南岛语系。2011年的人口普查资料显示，近90%的库克群岛毛利人能够用库克群岛毛利语或英语进行日常会话、阅读和写作。而混血库克群岛毛利人中，能够用毛利语交流的仅有40%，不过几乎100%的混血库克群岛毛利人能够用英语交谈。另外还有少数人使用彭林语和普卡普卡语。彭林语又称"汤加雷瓦语"，主要在库克群岛北部使用，无书面文字，与库克群岛毛利语可以部分互通，目前濒临消亡。普卡普卡语主要分布于库克群岛北部，主要是普卡普卡环礁。与拉罗汤加语不能互通，但跟萨摩亚语比较相近，为动－主－宾型或动－宾－主型语言，也属南岛语系。

六　国旗、国徽、国歌

库克群岛使用的国旗、国徽、国歌分别始于1979年、1978年和1982年。1994年3月24日，库克群岛大选时曾对国名、国旗、国歌进行过全民公投，投票结果是维持原状，不做改变。

（一）国旗

库克群岛国旗呈长方形，其长宽之比为2：1，旗面为蓝色。蓝色代表太平洋以及库克群岛人民热爱和平的天性。国旗的左上角为英国国旗图案，寓意库克群岛为英联邦成员及其与英国的历史联系。国旗的右侧是由15颗白色的五角星组成的圆环，代表着库克群岛的15个岛屿。库克群岛自1893年至今使用过的旗帜见图1－1。

1893～1901 年

1901～1973 年

1973～1979 年

1979 年至今

图 1－1 库克群岛自 1893 年至今使用过的旗帜

（二）国徽

　　库克群岛国徽中心的图案是绘有 15 颗白色星星的蓝底盾徽，象征库克群岛的 15 个岛屿；盾徽的左侧是库克群岛传统的土著权杖，即代表富裕的拉罗汤加棍棒（momore taringavaru），象征着权力，右侧是代表基督教的十字架，象征着信仰；盾徽左侧的飞鱼和

9

右侧的海鸥，以及盾徽底部的棕榈叶象征着库克群岛的当地特产；盾徽上方是一顶红色羽毛头盔，是库克群岛土著酋长的传统的冠冕；盾徽底部的黄色绶带上写着库克群岛的英文国名。该国徽由曾任库克群岛最高酋长院秘书的高级酋长帕帕·穆图·科尔（Papa Motu Kor）设计而成，库克群岛国徽于 1978 年正式启用。

（三）国歌

库克群岛国歌名称为《神是真理》，由库克群岛前总理、民主党创建者汤姆·戴维斯作曲，戴维斯的妻子帕·特帕鲁·特·里托·阿里基·拉迪·戴维斯作词。自 1982 年起《神是真理》代替原来的新西兰国歌《天佑新西兰》而成为库克群岛的国歌。歌词大意如下：

> 万能的上帝，
> 主宰岛屿和海域，
> 倾听我们呼吁。
> 保护我们，
> 赐予我们自由。
> 愿崇高的和平与友谊，
> 布满这大地。

第二节　宗教与民俗

一　宗教

宗教在库克群岛人的生活中起着非常重要的作用。目前，库克群岛人的宗教信仰多元。由于长期受西方殖民统治，基督教至今仍居于优势地位。2011 年的人口普查结果表明，库克群岛基督教教会（Cook Islands Christian Church）是信徒最多的宗教教派，信徒约占全国常住人口的 49%（7356 人）；罗马天主教会是第二大教派，信徒约占 17%（2540 人）；基督复临派（Seventh Day Adventist Church）拥有教徒 1190 人，约占 8%；基督教的其他教派教徒占 8%（1201 人）；除基督教外，其他各教派教徒所占人口比例不到 8%；其余为无宗教信仰者。①

库克群岛在建国后曾一度限制宗教组织的随意设立，在 1975 年通过了《1975 年限制宗教组织法案》。法案规定，库克群岛全国只允许成立四大教会，分别是库克群岛基督教教会、罗马天主教教会、基督复临会、耶稣基督后期圣徒教会。1994 年，库克群岛对《1975 年限制宗教组织法案》进行修正，取消了对宗教组织数量的限制，规定除非新的宗教组织的建立与库克群岛当地的风俗习惯、秩序、道德公共安全、国家的整体福利或安全相冲突，否则库克群岛政府不能拒绝批准任何宗教组织建立。

（一）原始宗教

在近代西方传教士进入之前，库克群岛流行着传统的波利尼西亚的原始宗教，以崇拜高位神"坦加罗瓦"（Tangaroa）为主，此外还有其他一些大神，大神之下还有诸多小神。有专门的巫师和祭司负责主持仪式。如在芒艾亚岛，"坦加罗瓦"被视为天空之神和太阳神，是创世之神洛哥（Rongo）的孪生弟弟。在米蒂亚罗岛、

① http：//www. mfem. gov. ck/docs/Stats/2012/Census/2011% 20Cook% 20Islands% 20Population% 20Census% 20Report. pdf.

毛凯岛和拉罗汤加岛，"坦加罗瓦"也具有非同一般的重要性。目前，在库克群岛，原始宗教已经褪色，但"坦加罗瓦"等原始宗教中神的形象依然存在于民俗之中。如库克群岛的邮票、公司的标志仍取材于"坦加罗瓦"。库克群岛原始宗教的神职人员经常在毛利会堂主持宗教仪式，在宗教仪式上使用一些神的象征物，在基督教日渐传播后，这些原始宗教的法器多被基督教传教士捣毁或带走。

（二）基督教

伦敦宣教会于1821年首度将基督教传入库克群岛。在19世纪末，其他基督教教派也开始陆续抵达这一地区，包括天主教、基督复临派、摩门教等。后来，诸如美国的神召会和使徒教会也在库克群岛传教。1977年，伦敦宣教会撤出库克群岛，将传教工作移交给库克群岛基督教教会。目前，库克群岛不同的基督教教派总计有14个，岛上有70多个教堂。库克群岛基督教教会不仅培养本国的牧师，也将自己培养的牧师派往新西兰、斐济、澳大利亚或美国传教。

（三）其他宗教

除基督教外，库克群岛也有其他宗教，如巴哈伊教、印度教、伊斯兰教等。

巴哈伊教由伊朗人巴哈欧拉在19世纪中叶创立，基本教义为"上帝唯一"、"宗教同源"和"人类一体"，谋求创建新的世界文明，实现人类大同。1953年，美国人伊迪斯·丹尼尔森（Edith Danielsen）将巴哈伊教传入库克群岛。另一位先驱为达尔西·迪福（Dulcie Dive），他在1954年从新西兰出发经澳大利亚赴库克群岛传播巴哈伊教。1955年3月，库克群岛人里马·尼古拉斯（Rima

Nicholas）、图安·卡罗陶阿（Tuaine Karotaua）率先皈依巴哈伊教。1956 年库克群岛第一个巴哈伊教地方灵体会成立，1982 年库克群岛巴哈伊教全国灵体会成立。2003 年 10 月 10 日到 15 日，库克群岛的巴哈伊教教徒隆重举行了该教传入库克群岛 50 周年庆典活动。巴哈伊教也是除基督教之外唯一在库克群岛形成有组织性社区的宗教，其教徒数量不足全国人口的 1%。

目前，库克群岛也有极少量的印度教教徒和穆斯林教徒，都是自海外而来的流动人口。

二 节 日

库克群岛节日众多，除了全国性的公共节假日之外，各岛还有自己的地方节日。主要公共节假日大致有以下几个。

新年（New Year's Day）：每年 1 月 1 日与 2 日为公共假日，如果其中一天为周末，则相邻的一天也为假日。艾图塔基岛在新年举行科尼罗尼舞蹈表演活动（Koni Rauni dance event）。

耶稣受难日：（Good Friday）：复活节前的星期五。

复活节星期一（Easter Monday）：复活节星期一是在复活节星期日后的第一天。在马尼希基环礁，在这一天人们一般举行规模较大的捕鱼比赛。

澳新军团日（Anzac Day）：每年的 4 月 25 日为澳新军团日，是为了纪念 1915 年澳新军团在加里波利的登陆战而设立的。1915 年，澳新军团登陆土耳其爱琴海海湾的加里波利，导航错误导致军团处于地形不利的困境之中进行苦战，上万名士兵于此次战役中殒命。库克群岛也派遣士兵编入澳新军团参加了一战。为纪念阵亡将士，澳新及一些太平洋岛屿国家均将澳新军团日列入公共假期。

最高酋长日（Ui Ariki Day）：自 2012 年起，每年 7 月的第一个星期五是库克群岛的"最高酋长日"，主要是向库克群岛传统时代的领袖最高酋长致敬。节日期间，库克群岛的最高酋长们一般到毛利会堂聚会，举行仪式进行庆祝。宗教领袖、政治家一般到场祝贺，外国游客也可参加庆祝仪式。

女王生日（Queen's Birthday）：每年 6 月的第一个星期一，库克群岛人在这一天庆贺英国女王生日。英国女王名义上也是库克群岛的女王。

宪法日（Constitution Day）：每年的 8 月 4 日是库克群岛庆祝国家获得自治的节日。政府在这一天要举行隆重盛大的庆典活动，库克群岛各个岛屿的歌舞团体都奔赴拉罗汤加岛进行为期两个星期的汇演，还举行大规模的花车游行。2001 年，库克群岛总理提议将宪法日庆典改为"提玛伊瓦努伊"（Te Maeva Nui），毛利语含义为"最重要的庆典"，总理认为，这一库克群岛本土毛利语的名称更能体现节日的内涵。自 2002 年开始宪法日庆典被称为"提玛伊瓦努伊"。

全国福音日（National Gospel Day）：每年的 10 月 26 日是库克群岛的全国福音日，纪念 1821 年伦敦宣教会教士约翰·威廉姆斯将基督教传入库克群岛。但由于基督教传播到各岛的时间不一，各岛也有各自的福音日，如拉罗汤加岛的福音日是 7 月 25 日，彭林环礁的福音日是 3 月 13 日，帕默斯顿环礁的福音日是 5 月 25 日，芒艾亚岛的福音日是 6 月 15 日，阿蒂乌岛的福音日是 7 月 19 日，米蒂亚罗岛的福音日是 7 月 21 日，毛凯岛的福音日是 7 月 23 日，马尼希基环礁的福音日是 8 月 8 日，拉卡杭阿环礁的福音日是 8 月 15 日，普卡普卡环礁的福音日是 12 月 6 日。

圣诞节（Christmas）：12 月 25 日。

节礼日（Boxing Day）：12 月 26 日。节礼日原名为圣司提芬节（St. Stephen's Day），主要为纪念基督教第一位殉教者圣司提芬而设立。还有一种说法称，牧师会在这一天将功德箱打开，把里面的善款分发给穷苦人。节礼日也是购物日，在这一天，库克群岛人往往会上街抢购便宜商品。

三　民俗

（一）出生

传统时代，库克群岛人比较重视孩子出生。依照传统习俗，库克群岛人认为树木的髓心与人的脐带比较类似。在拉罗汤加岛，当男孩出生后，在日落之时，人们把印度马来海芋的叶子卷成筒，然后装满水，浇在早就预备好的棍棒、长矛、投石器等武器上，预示着以后这个孩子将成为一个著名的武士。在芒艾亚岛，在婴儿出生之时，人们也砍一片印度马来海芋的叶子，装上洁净的水。接生者首先用塔帕树皮布包住最靠近婴儿脐带的部分，然后用锋利的竹刀将脐带割断，接着用水将血冲洗掉。不过现在这种风俗日渐消失。

（二）婚姻与家庭

在近代西方传教士到来之前，库克群岛许多酋长和武士一般拥有多位妻子。女孩在很小的时候就被许配给一个男孩，并会收到来自未来丈夫家的礼物。到了青春期，女孩在结婚后搬到丈夫家居住。1823 年，传教士抵达库克群岛后，库克群岛逐渐实行一夫一妻制。拥有众多妻子的酋长和武士不得不挑选出一位妻子留在身边，然后将其余的妻子送回其娘家。在传教士初到库克群岛时期，婚姻也成为一种强大的束缚，如果出现婚内通奸和乱伦现象，过错方则会受到极其严厉的处罚。《1973 年婚姻法案》规定，婚姻必须是男性与女性间的结合，16 岁以下的库克群岛公民不能领取结婚证。不满 16 岁的公民如要结婚的话，必须得到父母或者监护人的许可。在过去，库克群岛有些家庭为保留土地及传统头衔，包办婚姻的现象时有发生。今天，自由恋爱、自主择偶成为绝大多数民众的选择。

在毛凯岛、阿蒂乌岛与米蒂亚罗岛流行着一种习俗，即在青年男女订婚时，在选择结婚时间这一问题上，男方家长必须征得女方家长的同意。在本家长辈的陪同下，男方要带着猪、鸡和蔬菜赶赴女方家，以求得女方家长对婚姻的认可，同时也对女方家庭"失去"长大成人的女儿表示安慰。

交换礼物是库克群岛的传统婚俗之一，所谓的礼物并非聘礼或者嫁妆。新郎与新娘双方家庭都准备礼物，一般是日常用品，例如编织的席子、帽子、床罩、床单、枕套以及垫子等。但艾图塔基岛的婚俗稍有不同，主要由新娘向新郎及新郎的家人送礼。依据传统规定，新郎不用回礼，但新郎一般会向岳父、岳母家赠送一些精美的食物。赠送礼物的目的主要是庆贺，庆贺新郎、新娘自此开始了新的生活。

在结婚后姓氏选择这一问题上，库克群岛传统的做法是女方婚后要采用丈夫家庭的姓氏。不过，这种情况也逐渐发生了一些新的变化，如在主岛拉罗汤加岛，婚后妇女在使用丈夫家庭姓氏的同时，也保留其原来娘家的姓氏。在毛凯岛、阿蒂乌岛与米蒂亚罗岛，结婚时要举行"命名仪式"，新娘的家人为新郎取一个婚名，而新娘则由新郎的家人取一个婚名，婚礼结束以后，人们就不再以婚前的姓名称呼新郎与新娘，而是称呼其婚名。目前在这三个岛上，这一传统在不少地方仍然存在，但也发生了新的变化，如有些家庭表面上举行命名仪式，但在婚后仍然以原来的名字而非婚名称呼新郎、新娘。

库克群岛毛利人长期以来形成的传统是先按照事实关系同居，在子女们陆续出生后再去办理王式的结婚手续，这种传统到今天仍不鲜见。库克群岛毛利人传统的大家庭观念非常深厚，按照传统，父母所生的第一个子女往往由孩子父亲或母亲的爷爷奶奶抚养。不少儿童都由近亲抚养长大成人。但这种情形的事实婚姻关系如果破裂，关于如何分割财产则没有成文法规定。

（三）葬礼

在古代，库克群岛人通常把死者埋葬在地下或山洞里，或者把死者用布裹起来放到一个高高的平台上，并让死者的头朝向太阳升起之处。其亲属通过各种方式表达自己的悲痛，如一般用鲨鱼的牙齿或刀子划破自己的身体，让血液流出；把自己的脸涂黑，剪掉自己的头发，或者敲掉自己的门牙以寄托哀思。一些死者的近亲则为纪念逝者甚至改换自己的名字。传统的悼念仪式冗长而复杂。到19世纪，这些古老的习俗逐渐消失。在阿蒂乌岛和北库克群岛，一些传统旧俗直到20世纪60年代才逐渐被废弃。不过，直到今天，将死者埋葬在地下仍旧是唯一的安葬方法，以至于目前不少家庭连埋葬死者的土地都缺乏。今天，库克群岛悼念死者活动的时间缩减，仪式活动简化。悼念者一般缠一黑丝带或身穿白衣即可。鉴于库克群岛炎热的气候以及柜关保存遗体设施的匮乏，目前库克群岛政府规定，人死亡后需要在24小时内埋葬，这也大大简化了一般持续数月之久的传统丧葬仪式。不过在拉罗汤加岛，现在保存遗体的设施逐步健全，已经可以等到远在海外的亲戚好友回故乡参加

逝者的葬礼。在海外亡故的库克群岛人的遗体由亲戚们陪同运回故土安葬的现象也日渐普遍。在死者被埋葬后一年或更长的时间内，依据库克群岛传统惯例，亲属一般要从海外购买一块价值不菲的墓碑，运回国内安置在死者坟前。

（四）家庭大团聚

库克群岛传统的社会基本组织是大家庭，但为了寻求更好的工作机会和获得更好的待遇，或让下一代获得更好的教育条件，大量的库克群岛人迁移至新西兰与澳大利亚，这造成了库克群岛家族内亲属关系的弱化。不少库克群岛人意识到了这一点，加强了对后代的教育。许多在海外出生和成长的库克群岛孩子也渴望到库克群岛去寻根和参观。自20世纪80年代起，越来越多的库克群岛家庭开始组织较大规模的家庭团聚。家族内来自不同国家的兄弟、姐妹、子女、孙辈和曾孙辈回到位于库克群岛的老家聚会，其中不少人是初次参加聚会，这种家庭大团聚为海外库克群岛人提供了理解库克群岛传统家族关系和体验岛屿生活的机会。

（五）主要饮食和习俗

尽管库克群岛的不少食品需要从新西兰进口，库克群岛的饮食仍然带有浓郁的本土特色。库克群岛的主要粮食是芋头、地瓜和竹芋等块茎类作物，虽然地瓜和竹芋生长期更短且更容易生长，但在库克群岛，最受欢迎的是芋头。蔬菜主要有卷心菜、菠菜、芋头或地瓜的叶子、豆类等。肉类食品最主要的是鱼肉，猪肉和鸡肉在正式的盛大宴会场合也必不可少。与鸡肉相比，猪肉更为人所看重。主要的水果有椰子、橙子、芒果、面包果、鳄梨等。以前库克群岛几乎每个家庭都自己种植庄稼、自己捕鱼，并饲养猪、鸡等家禽家畜。今天随着生活的日益便利，很多人都购买生鲜食品和利于存储的加工食品。有些家庭也开始以面包和咸牛肉罐头为主要食物。外卖店和餐厅越来越多。不过这也导致原来在库克群岛常见的大家庭成员一起捕鱼、种植作物和准备食物的活动大幅减少。

库克群岛比较典型的本土美食有"罗里"（Rori）、"伊卡"（Ika）、"鲁考"（Rukau）。"罗里"是库克群岛的一种海参，主要有两种吃法，一是生吃，二是混以大蒜、奶油、调料炒熟后食用。"伊卡"的做法是将生鱼肉浸泡到柠檬汁或以醋、油、食盐调制而成的混合汁液中，泡好之后以洋葱、椰浆搅拌。"鲁考"的做法则是把椰浆、洋葱、食盐倒入捣碎的芋头叶之中，然后拌匀。

在一些特别场合，库克群岛流行一种传统的宴席——"乌木开"（Umukai），库克群岛毛利语的意思为"出炉的食物"。人们首先在地里挖一个叫作"乌木"（Umu）的土坑作为烤炉，在里面填上柴火以及玄武岩岩石。然后把香蕉枝做成烤架放置在被烧热的石头上，把肉、"伊卡"和蔬菜用香蕉叶包好放入一个袋子里，然后放置于烤炉中，之后将土制烤炉密闭，经过3个小时左右烤制后方可取出食物。虽然耗时耗力，但是烤制的食物味道鲜美，风味独特，深受库克群岛岛民的喜爱。

热带水果果汁是库克群岛比较普遍的饮料，最为常见的是椰子汁，因为岛上椰子树四季生长、随处可见。鸡尾酒也比较流行。与其他的波利尼西亚群岛及美拉尼西亚群岛国家不同的是，在库克群岛人们基本上见不到卡瓦酒，仅在岛上的斐济人社区偶尔有人饮用。在西方传教士到来之前，库克群岛人也一度热衷于饮用用胡椒属作物根部制成的卡瓦酒，但后来传教士颁布禁令，严禁库克群岛人饮用卡瓦酒。从那时一直到今天，库克群岛人不再饮用卡瓦酒。不过，库克群岛的啤酒小有名气，如阿蒂乌岛生产的"灌木啤酒"

（Bush Beer），主要是用库克群岛当地的柑橘、香蕉、木瓜等酿制而成的。

在库克群岛，人们不需要付小费。按照库克群岛的传统习惯，接受别人的礼物，必须要赠送其他物品作为回报。

（六）普卡普卡环礁的母系氏族遗风

库克群岛各岛的习俗差别较大。在普卡普卡环礁，还保留着浓厚的母系氏族的习俗，如这里种植芋头的湿地被视为母系土地，在芋头湿地辛勤劳作的是妇女而非男子，男子的工作仅仅是采割和搬运一些遮盖芋头湿地的树叶。一名普卡普卡环礁男子与本地女子结婚之后，则自动丧失继承其母亲芋头湿地的权利，婚后的生活主要仰仗妻子的芋头湿地。如果普卡普卡环礁男子娶一名外国女子为妻，则可以从他的母亲处分割一块芋头湿地，该地以后可传给其子女。

（七）领养习俗

库克群岛对"领养"的规定较为严格。《1915 年库克群岛法案》规定，单身的欧洲人或者已婚的欧洲夫妻，或者夫妻之中有一个是欧洲人，可以比较顺利地办理领养本国儿童或外国儿童的手续。如果是单身的毛利人或者已婚的毛利人夫妻，领养外国儿童的话则触犯了法律，绝不容许。因为库克群岛的法律带有浓厚的习惯法色彩，领养的问题涉及传统的土地所有权问题。

（八）"拉维"（Ra'ui）制度

"拉维"制度是库克群岛传统的保护海洋和陆地资源的一种方法，早在西方传教士到来之前，就盛行于传统社会之中。一般是由拥有某块土地或海域的酋长或家族的长者发布"拉维"禁令。禁止开采的范围涉及土地、河流、淡水池塘、湖泊、沼泽、果树，以及禁止捕捉鸟类、海龟、椰子蟹等野生动物。在传统时代，人们通常在"拉维"保护区设立较为醒目的记号，如把椰树叶系在保护区地界的树上。今天，人们往往竖立一块写着"拉维"字样的牌子。所设立的"拉维"保护区一般只是暂时性的，如在动物产卵时或作物即将收获季节，主要是为了保护资源、防止偷盗和提高收成。平时"拉维"保护区附近会有人巡逻。如果有人不经允许，触犯禁令，将会受到双重惩罚。首先，在库克群岛人的观念中，"拉维"区域具有超自然的"禁忌"威力，触犯禁令的人将会受到"马那"神力的惩罚。其次，触犯者也将受到世俗的严厉惩罚。如在阿蒂乌岛，人们有时将触犯者置于独木舟中任其漂流；剥夺其某些土地权；损毁其房子、独木舟、庄稼或其他农作物；对其罚款；触犯者会遭到众人殴打、被赶出村庄，严重的甚至被处决等。在普卡普卡环礁，人们将在一段时间内剥夺触犯者作为成年人在社区所享有的权利和地位，并对其进行羞辱，这一惩罚今天仍在实行。

19世纪西方势力进入库克群岛后，库克群岛种植的经济作物开始出口西方，酋长们在与西方贸易的过程中将"拉维"制度作为一种控制出口商品价格的重要手段，以获取令他们满意的价格，实现利益的最大化。

1915年，《1915年库克群岛法案》获得通过后，传统的土地和海洋所有制遭受重创，法案严禁人们动用私刑，"拉维"制度遭到严重削弱，名存实亡。尤其在主岛拉罗汤加岛，湖泊和海洋均已归国家公有。到20世纪70年代，拉罗汤加岛已没有"拉维"的痕迹。但在北库克群岛，"拉维"的习俗虽不能与古代相比，但依旧延续。

20世纪90年代，随着过度开发、环境污染、气候变化等对库

克群岛海洋资源造成的影响越来越明显，库图努伊和最高酋长院等开始商讨重新设立"拉维"保护区。1998年2月8日，在库图努伊会议上，以高级酋长多瑞斯·雷德为首的7名高级酋长明确提出重新实施"拉维"制度，保护海洋资源。此后，库克群岛多地开始设立"拉维"保护区。不过，"拉维"不具有国家正式法律的效力，主要是借助传统的力量，触犯者会遭到社区内其他民众的一致谴责与蔑视。

第三节　特色资源

库克群岛四季如夏，气候湿润，其典型的南太平洋热带风光世界驰名，成为大洋洲区域旅游胜地之一。最主要的旅游地是拉罗汤加岛和艾图塔基岛。

（一）拉罗汤加岛

作为库克群岛诸岛中面积最大的一个岛屿，拉罗汤加岛旅游资源极为丰富。阿瓦鲁阿是库克群岛的首都，是库克群岛的政治、经济、文化中心，也是全国唯一的城市。阿瓦鲁阿在库克群岛毛利语中的意思是"两个港口"，位于拉罗汤加岛的北部，岛上常住人口5000多人。阿瓦鲁阿市区被一条环岛公路贯穿而过，该公路也是阿瓦鲁阿的主干道，政府机构、金融机构、旅行社等位于街道两旁。目前阿瓦鲁阿规模最大的建筑是杰弗里·亨利爵士民族文化中心，该中心有国家档案馆、国家礼堂、国家图书馆、国家艺术表演中心、国家人类学所和国家博物馆。岛上的建筑原来多为木建筑，随着旅游开发的持续升温，目前海岸附近，混凝土结构的建筑开始增多。阿瓦鲁阿交通发达。阿瓦蒂乌港位于首都阿瓦鲁阿，据说在

1350 年，毛利人驾着 7 条独木舟从该港口渡海第一次到达了新西兰，并在新西兰定居。拉罗汤加国际机场位于阿瓦鲁阿市区西侧约3000 米处。

　　岛上比较知名的人文旅游景点有帕拉欧谭宫（Para O Tane Palace）、库克群岛基督教堂（Cook Islands Christian Church）等。帕拉欧谭宫位于首都阿瓦鲁阿。1888 年，马基亚·塔考·阿里基女王（Makea Takau Ariki，1839 – 1911）曾经在这里与英国签署条约，自此库克群岛成为英国的"保护地"。建于 1853 年的库克群岛基督教堂是库克群岛著名的建筑，最初为抵达库克群岛的伦敦宣教会传教士所建，整个教堂被粉刷为白色，庄严肃穆。教堂墓地里埋葬着诸多名人，如库克群岛第一任总理阿尔伯特·亨利、撰写了多部波利尼西亚群岛游记的美国知名旅行文学家罗伯特·迪安·弗里斯比等。此外，阿拉梅图亚（Ara Metua）古道据说是波利尼西亚群岛最古老的道路，约建于公元 11 世纪，为当时的首领托伊所建，因此也被称为托伊大道，整条大道都是用珊瑚岩和玄武岩石块建造的，环绕了全岛三分之二。虽然在历史上几次遭到破坏，但目前仍在使用。特瓦拉努伊村（Te Vara Nui Village）是拉罗汤加岛上典型的毛利人村落，人们经常在这里举行民俗表演，游客可以欣赏库克群岛毛利人的土著音乐和舞蹈、传统礼仪，品尝传统美食。位于首都阿瓦鲁阿的库克群岛图书馆暨社会博物馆、库克群岛国家博物馆珍藏了众多文物、重要文件资料和典籍，可以使游客加深对库克群岛的认识。

　　除了人文旅游景点外，拉罗汤加岛绿草如茵、鲜花盛开、椰树成林，再加上火山、潟湖、岩洞、瀑布、水库、海滩和幽远的峡谷，自然风光令人流连忘返。在拉罗汤加岛中央，矗立着库克群岛

全国最大的两座死火山——蒂曼加山与阿图库拉山。岛内小溪众多，山麓间灌木丛生。拉罗汤加岛外为面积约 45 平方千米的环礁湖，是潜水和冲浪的天堂；独特的银白色细软沙滩环绕全岛，如穆里海滩、尼考海滩等均是吸引国际游客的度假胜地。拉罗汤加岛素有"花果之乡"的美誉，木瓜、香蕉、芒果、番石榴、菠萝、柠檬、椰子、面包果随处可见。拉罗汤加机场开通了通往奥克兰、苏瓦、塔希提岛、洛杉矶的航班，交通非常便利。

（二）艾图塔基岛

位于南纬 18°52′、西经 159°45′的艾图塔基岛陆地面积约 18.1 平方千米，由艾图塔基主岛与周围的一系列被当地人称为"莫图"（motus）的小岛礁共同组成，距离拉罗汤加岛 220 千米，盛产香蕉与椰子，也是全国最好的渔业岛。艾图塔基岛主要由 8 个村庄组成，分别是陶图（Tautu）、瓦伊帕尔（Vaipae）、瓦伊佩卡（Vaipeka）、阿穆里（Amuri）、乌雷阿（Ureia）、阿鲁坦伽（Arutanga）、拉乌拉乌（Reureu）、尼考帕拉（Nikaupara）。该岛曾经被《孤独星球》的创始人托尼·惠勒提名为地球上最美丽的岛屿。环岛的环礁湖被誉为太平洋最壮观最美丽的潟湖，群岛中的小岛泰普尔泰岛（Tapuaetai）则被评为大洋洲区域最出色的岛屿。

艾图塔基岛是库克群岛诸岛中西方传教士最早涉足的岛屿。目前，岛上还保留着一座建于 1823 年的基督教堂，是当年初到艾图塔基岛的传教士修建的，整座教堂主要用珊瑚岩建造而成。艾图塔基岛的潟湖呈三角形，面积约为 18 平方千米。岛上最高的山为毛葛普山。在岛上，人们在领略艾图塔基岛岛民传统风情的同时，可以欣赏艾图塔基潟湖的自然风光，观赏潟湖中原始而美丽的珊瑚群，乘坐当地特有的平底玻璃小船观赏水中的热带鱼群，也可以在海滩上的椰子林中野炊，可以进行喂鱼和浮潜活动。

（三）彭林环礁

又被译为汤加雷瓦环礁，位于北库克群岛的最北部。1822 年，一艘名为"彭林女士号"的英国船，在运送囚犯赴澳大利亚的途中经过此地，人们于是以该船名命名该岛。1863 年，岛屿上的 4 个本土传教士为筹款修建教堂，被诱骗在岛上招募奴隶劳工，结果导致 472 名岛民沦为奴隶，被运送至海外，这彻底击垮了岛上的酋长世系，直至今天，彭林环礁也是库克群岛唯一没有酋长的地区。

彭林环礁潟湖面积约 280 平方千米，湖上设有一个水上机场，还设有一个海运港口。彭林环礁椰树成林，盛产黑珍珠。整个环礁围绕海洋内湾呈环状，环礁有两个出入口以供船只来往进出，一个出入口因珊瑚礁太多，大船难以驶入，只供小船航行，另一个出入口则可自由出入。二战期间美军在彭林环礁上建有长约 2.8 千米的飞机跑道，目前还在使用，主要供大型运输机起降。岛上二战时期美军修建的码头仍在使用。

（四）芒艾亚岛

芒艾亚岛是仅次于拉罗汤加岛的第二大岛屿，位于库克群岛的最南端，拉罗汤加岛位于其西北方，二岛相距 200 千米左右。芒艾亚岛陆地面积为 51.8 平方千米。芒艾亚岛没有碧蓝色的潟湖，但形成了独具特色的石钟乳洞穴，比较知名的如特鲁阿里里洞穴（Teruarere Cave）、陶里洞穴（Touri Cave）。在岛上最大的村庄奥内洛阿村（Oneroa），有一所古老的教堂，教堂前面竖着一块纪念碑，主要纪念威廉·怀亚特·吉尔等赴芒艾亚岛传教的先驱。比较有名的海滩是位于机场附近的阿罗奥阿海滩。岛上的工艺品商店出售仪式扁斧等传统工艺品。

（五）拉卡杭阿环礁

拉卡杭阿环礁属于北库克群岛，环境静谧，与日渐喧器的马尼希基环礁形成对比，岛上面包果树与椰子树繁茂，被誉为地球上未受破坏的地区之一。拉卡杭阿环礁距离马尼希基环礁仅 44 千米，陆地面积 4.1 平方千米，由 4 个岛和 7 个小岛礁组成，岛上居民主要讲库克群岛毛利语中的拉卡杭阿 – 马尼希基方言。

在库克群岛的神话故事中，关于拉卡杭阿环礁与马尼希基环礁的由来流传甚广。传说渔夫胡库捉住了一个小岛，觉得太小而不愿带走，于是将岛屿捆起来先让其长大。胡库走了之后，波利尼西亚传说中的半人半神毛伊在美人鱼的帮助下，把岛从海里钓出来。胡库返回后，与毛伊展开了一场激战。毛伊径直跃至空中逃跑，脚印印在岛礁上，鱼钩甩到天空中化为星辰。因为用力过大，毛伊不慎把岛屿踩为两半，一半是拉卡杭阿环礁，另一半形成了马尼希基环礁。拉卡杭阿环礁在太平洋探险史上也占据一席之地。1956～1958 年，著名航海家埃里克·毕晓普曾乘坐"塔希提·努伊号"木筏横渡太平洋探险，以证明古代波利尼西亚先民能够在南美洲与波利尼西亚之间自由穿梭，但最终不幸遇险，殒命于拉卡杭阿环礁附近。

（六）马尼希基环礁

毗邻拉卡杭阿环礁，距离主岛拉罗汤加岛 1160 千米。马尼希基环礁 39 个岛屿环绕着 20 平方千米的美丽潟湖，陆地面积仅 5.4 平方千米，是世界知名的黑珍珠养殖基地。在 1852 年之前，马尼希基环礁为拉卡杭阿环礁岛民所拥有，岛民们驾着独木舟，来往于两地之间，有的岛民丧命于风浪之中。传教士到来后，劝导岛民分别定居于两个环礁。游客获得当地政府颁发的潜水许可证后，可以在马尼希基环礁潜水或钓鱼。自从黑珍珠养殖业兴起后，到马尼希基环礁经商与旅游者日益增多，每逢周四有班机飞往主岛拉罗汤加岛。

（七）普卡普卡环礁

属于北库克群岛，地理位置偏远，西北距主岛拉罗汤加岛约1140 千米、距苏沃洛夫环礁约 383 千米、距纳索岛 83 千米。1595年 8 月 20 日，西班牙探险家阿尔瓦罗·德·门达纳发现了普卡普卡环礁，因当日是西方的圣伯纳德节，遂将该岛命名为圣伯纳德岛。1765 年 6 月 21 日，英国海军准将约翰·拜伦率"海豚号"舰船和"添马舰"途经此岛。远眺该岛，白浪滔天，拜伦认为此地比较危险，因此将其命名为"危险岛"。1796 年 4 月 3 日，法国人皮埃尔·弗朗索瓦·庇隆来到该岛，翌日船上的水手托马斯·缪尔等登临小岛，用船上的刀具、欧洲货物与岛上的土著居民进行货物交换，将他们发现的三个岛屿取名为科岛、普卡普卡岛和科塔瓦岛。普卡普卡环礁陆地面积约 3 平方千米，有一个美丽清澈的潟湖，潟湖面积约 5 平方千米，30 余个岛屿将其包围环绕。主岛普卡普卡岛有三个村庄，距离萨摩亚较近，语言和风俗与其他岛屿的库克群岛岛民差异较大，居民一般讲普卡普卡语。最适宜游泳和潜水的地方是科塔瓦岛，成千上万的军舰鸟在此栖居，该岛也被称为"军舰鸟岛"。普卡普卡环礁上有一所天主教堂，整个教堂用贝壳装饰，独具特色。

（八）苏沃洛夫环礁

位于拉罗汤加岛西北 930 千米处，陆地面积仅 0.4 平方千米，由 20 余个小岛屿组成。1814 年 9 月 17 日，俄国探险家拉扎列夫率"苏沃洛夫号"军舰在从阿拉斯加海岸返回喀琅施塔得途中，发现这一无人居住的环形珊瑚岛，于是以自己所乘军舰的名字命名该岛。苏沃洛夫环礁1978年被批准为库克群岛的国家公园。环礁上灌木丛生，植被茂密，是海鸟的天然栖息繁殖地，海鸟种类繁多，主要有小军舰鸟、大军舰鸟、红尾热带鸟、红脚鲣鸟、乌燕鸥、布朗鲣鸟、蒙面鲣鸟、大腿杓鹬等11种。每年夏季的旅游季节，游客可从拉罗汤加岛乘坐私人游艇到这一鸟类天堂参观游览。

（九）纳索岛

位于普卡普卡环礁以南90千米处，由普卡普卡环礁岛屿委员会管辖，是一个椭圆形的沙质岛，陆地面积1.3平方千米。纳索岛是北库克群岛唯一没有内部潟湖的岛屿，岛上人口稀少，棕榈树林立，盛产热带水果。1804年5月12日，法国人路易斯·R.科坦茨（Louis R. Coutance）发现此岛。1835年3月，美国捕鲸者约翰·桑普森乘坐"纳索号"捕鲸船抵达该岛。1876年，美国人波塞森曾雇用普卡普卡环礁岛民在此岛种植椰子树、面包果树、红薯、香蕉、芋头等。1892年6月3日，英国将纳索岛作为库克群岛的一部分划为英国的"保护地"。之后，欧洲人在该岛经营椰树种植园。二战后，政府花费2000英镑从种植园主手中回购该岛。1951年，普卡普卡环礁酋长以相同的价格从政府手里购买了纳索岛。

（十）米蒂亚罗岛

米蒂亚罗岛又名"努库罗阿岛"，位于库克群岛南部，地理坐标为南纬19°49′、西经157°43′，是由珊瑚礁抬升而形成的低平小岛，陆地面积22.3平方千米。岛上有富饶的沼泽湿地。岛上有两个湖泊，大的一个叫"罗特努伊湖"，小的叫"罗特伊提湖"。罗特努伊湖为椰林和松树所环绕。岛上有山洞、毛利会堂、石头池塘、金色海滩可供游客游览。米蒂亚罗岛产胡椒、檀香木和椰子等。

(十一) 塔库特阿岛

又名"恩努艾提",意思是"小岛"。1777 年 1 月 4 日,英国航海家詹姆斯·库克"发现"了此岛。1889 年 6 月,英国海军军官尼科尔斯宣布其为英国的"保护地"。该岛位于阿蒂乌岛西北 16 千米处,在行政上归属阿蒂乌岛管理,陆地面积 1.22 平方千米。岛上无人居住,被辟为野生动物保护区。岛上红尾热带鸟和红脚鲣鸟众多,是太平洋地区重要的海鸟繁殖地,岛屿附近鱼类资源丰富。在 1959 年之前,不少阿蒂乌岛的居民上岛收集椰干。游客在经阿蒂乌岛岛屿委员会允许后,方能到此岛旅游参观。

(十二) 帕默斯顿环礁

位于艾图塔基岛西北 367 千米处,由 36 个小岛礁组成,1774 年 6 月 16 日英国航海家詹姆斯·库克"发现"该岛,1777 年 4 月 13 日库克在其第三次远洋航行时曾登陆该岛,但未发现有人居住。1863 年英国人威廉·马斯特斯登陆该岛,在岛上种植椰子。威廉·马斯特斯本是个木匠与桶匠,在 19 世纪 40 年代淘金热时期到达美国加利福尼亚州,之后流落到南太平洋。1889 年,威廉·马斯特斯去世时,他与其三个波利尼西亚妻子已养育了 21 个孩子。目前,生活于该岛的岛民均为威廉·马斯特斯的后裔,所使用的语言为英语。今天,在岛上的教堂附近,可以看到威廉·马斯特斯的墓地。该岛主要树木是椰子树、棕榈树、露兜树,经济主要依靠渔业、旅游业。来自拉罗汤加岛的补给船定期为帕默斯顿环礁运送生活给养物品,同时运走该环礁出产的鹦嘴鱼。

（十三） 马努瓦埃环礁

位于艾图塔基岛东南 101 千米处，该珊瑚环礁由两个马蹄形小岛组成，即西部的主岛马努瓦埃岛与东部的特欧奥图岛（Te Au O Tu）。目前马努瓦埃环礁无常住居民。1990 年，库克群岛政府曾试图将马努瓦埃环礁租赁给一家澳大利亚公司进行旅游开发，但由于遭到库克群岛居民的反对而搁置。

（十四） 毛凯岛

位于库克群岛最东部的岛屿，与相邻的米蒂亚罗岛、阿蒂乌岛有时被合称为"三根岛"。岛屿中部火山土肥沃，海岸附近有石灰岩溶洞，在海岸与岛屿中部之间有大片沼泽湿地。毛凯岛盛产芋头、柑橘、椰子，岛上一片田园风光。女人从事编织，男人乘独木舟出海捕捞金枪鱼，或者从事雕刻，所雕刻的精美木碗、木勺与神话人物雕像等深受旅游者喜爱。岛民饲养的鸡、猪、山羊在田间出没，但岛上禁止养狗。毛凯岛上有一所建于 1882 年的基督教教堂，还有一所著名的名为"帕尔帕尔阿"（Paepae A）的毛利会堂。另外，岛上有一处名为"瓦伊汤戈"的山洞，里面钟乳石众多，还有一个清洁的天然淡水池，可以游泳沐浴，不过过了水池再向里游就必须借助潜水装置。

（十五） 阿蒂乌岛

阿蒂乌岛是库克群岛的第三大岛，位于拉罗汤加岛东北 187 千米处，陆地面积 26.9 平方千米。阿蒂乌岛原名为"恩努瓦马努"（Enuamanu），意思是"鸟的家乡"。岛屿中部为丘陵，共有 5 个村庄，居民都居住于岛屿中部地带。相对于繁忙的拉罗汤加岛与艾图塔基岛，阿蒂乌岛代表的是一种悠闲的外岛生活风情，阿蒂乌岛的潟湖与海滩吸引着来自各地的游人。岛上鸟类众多，如金丝燕等。岛上有几座时代久远的教堂，最早抵达库克群岛的传教士约翰·威廉姆斯曾经在阿蒂乌岛传播基督教。岛上还有一个编织厂，游客在这儿可以观看库克群岛的提瓦瓦制作的整个过程。岛上还生产颇具当地特色的"丛林果汁"和"灌木啤酒"。

第二章

历　史

第一节　西方殖民者抵达之前的早期史

西方探险家"发现"库克群岛之前的历史，只留存在库克群岛毛利人口耳相传的口头传说之中，因为在西方传教士进入这片土地之后，库克群岛人才接触书写文化。库克群岛有据可查的文字记录始于与西方接触之后，其早期历史并不为人所熟知，目前只能通过考古学、语言学、传说等进行了解。

库克群岛岛民从总体上看属于波利尼西亚人，与新西兰毛利人、塔希提毛利人的语言和文化特征相近。但与其他太平洋岛国相比，库克群岛历史文化之分散尤为明显。有的岛屿起源于西波利尼西亚文化，大部分南库克群岛居民来自东波利尼西亚岛屿。

公元前 2500 年，来自东南亚的第一批移民渡海抵达美拉尼西亚。大约在公元前 200 年至公元 200 年间法属波利尼西亚迎来首批移民。早期的岛民从这里出发，乘坐独木舟穿行于南太平洋各岛，到达了复活节岛、夏威夷岛和南美洲地区，最后在公元 500 年左右抵达拉罗汤加岛与库克群岛其他岛屿。库克群岛的第一批定居者大约是来自社会群岛（Society Islands）与马克萨斯群岛（Marquesas

Islands）的先民，他们在 1500 年前乘坐大型的远洋独木舟来到库克群岛。

　　拉罗汤加岛口头流传的历史可追溯至 1400 多年以前。有关图伊（To'i）的传说是最古老的传说之一。据说库克群岛古代这位伟大的首领于 11 世纪在拉罗汤加岛建造了著名的阿拉梅图亚古道。这表明当时岛上已经有相当数量的人口，很可能来自今天的法属波利尼西亚。库克群岛传统意义上的历史始于 13 世纪。当时从塔希提岛和萨摩亚来了两位伟大的首领坦基基阿（Tangiia）和卡里卡（Karika），他们驾着巨大的远洋独木舟抵达拉罗汤加岛，征服了当地居民，部落的最高统治者被称为"阿里基"（Ariki），意即"最高酋长"。他们二人联手，击退了其他的挑战者，共同统治拉罗汤加岛。坦基基阿酋长建立了"塔基图穆"部落，取名于其中的一艘独木舟。卡里卡酋长建立了"阿瓦鲁阿"部落，坦基基阿酋长的后人提诺马那（Tinomana）又建立了阿罗朗伊部落。这三个部落一直延续至今。其他岛屿的社会发展水平和社会组织与拉罗汤加岛相似。

　　在欧洲探险家到来之前，库克群岛人在 1000 多年的时间里发展出自己的独具特色的文化和习俗。库克群岛实行等级制度，每个岛都由几个最高酋长"阿里基"进行统治，比最高酋长低一级的是高级酋长"玛塔伊波"（Mataiapo），比"玛塔伊波"再低一个等级的是普通酋长"兰格蒂勒"（Rangatira）。土地被分成多块，被分割的每一块土地被称为"塔皮尔"。每个"塔皮尔"都由一个或者几个酋长统治，构成了一个大的族群，他们在"塔皮尔"上建造房屋，种植庄稼，饲养牲畜。每个部落都有自己召开神圣会议的聚会场所——会堂（Marae），崇拜其波利尼西亚原始宗教特有的神灵。"库图"（Koutu）是最为重要的会场，因为这是最高酋长的官方席位所在地，也是举行年度盛宴与主要祭祀的场所。

在库克群岛，首领的权威主要依赖于神秘的"法力"（mana），这一词语意义复杂，不是指有形的或者遗传下来的能力，而是指信心、胜利、威望、知识、灵性以及综合性的明星品质。"法力"既是一个最高酋长世袭的权力，是一个牧师的神圣权力，也是一个高级酋长的统治权力。"法力"既能够获得，也会失去。在战场上的丰功伟绩与怯懦行为均会影响一个人的"法力"，其部族也会根据其表现予以不同的评判。"塔昂伽"（ta'unga）即"专家"，也是不容忽视的重要角色。木刻、农业、医药、独木舟制造、航海等诸多领域内有众多专家。发言者（tutu korero）负责记载部落的历史与宗谱。在诸多"专家"中最有影响的当属大祭司，他们被视为沟通人们与祖先、神灵的主要桥梁。大祭司能够以神灵或最高酋长的名义宣称神意。首领们判定何种行为违反禁忌以及对违反者做出处罚。

如同今天的库克群岛人，早期的人们也喜欢参加聚会，聚会也有甚为复杂的仪式：成人仪式、婚礼、葬礼、收获节、庆祝战争胜利的仪式。在聚会上，库克群岛人一般会展现其唱歌和跳舞才能。

第二节 "发现"库克群岛及西方传教士的进入

一 "发现"库克群岛

在15～19世纪的大航海时代，欧洲的航海家与传教士驾着船只，劈波斩浪，向广袤的海洋行进，远航至世界各个角落，虽然导致了殖民活动的横行，但打破了地球上不同族群之间相互隔绝的状态，将世界逐步联结为一个休戚相关的整体，从而开启了人类历史

的新纪元。包括库克群岛在内的太平洋诸多岛屿就是在这一时期为世界所认知和了解的。

（一）西班牙人"发现"普卡普卡环礁

欧洲国家在南太平洋地区进行探险，始自葡萄牙人和西班牙人。自麦哲伦完成环球航行后，西班牙与葡萄牙的航海家前赴后继，继续探寻未知的南方大陆和新的贸易地区。在这波探险活动中，太平洋的不少岛屿开始进入欧洲人的视线，如库克群岛的普卡普卡环礁与拉卡杭阿环礁。

最早"发现"库克群岛的是西班牙人阿尔瓦罗·德·门达纳·德·内拉（Alvaro de Mendana de Neira），他于1595年"发现"普卡普卡环礁。门达纳曾在1565年进行第一次太平洋探险，"发现"了所罗门群岛。1595年4月9日，门达纳从秘鲁的卡亚俄港出发，开始了第二次航行，试图在南太平洋建立殖民地。其船队由4条船组成，包括儿童共400人，领航员是葡萄牙航海家佩德罗·费尔南德斯·奎罗斯。在8月20日黎明时分，门达纳船队发现了四个低矮的小岛，从船上可以看见海滩及岛上的棕榈树等树木。因当天是西方的圣伯纳德节，因而该岛被命名为圣伯纳德岛，即库克群岛的普卡普卡环礁。

葡萄牙航海家佩德罗·费尔南德斯·奎罗斯在1606年发现拉卡杭阿环礁。1605年，西班牙帝国进行了其最后一次大规模远洋探险活动。1605年12月21日，奎罗斯率领一支远洋船队驶离卡亚俄港。在1606年3月2日拂晓，船队发现了一个椰林茂密的小岛。岛上居民约500人，岛民驾着独木舟驰骋于潟湖之中，其造船和航海技术让奎罗斯等人感到惊讶，奎罗斯船队在岛上补充了给养。

（二）库克船长的到访

在 18 世纪太平洋探险活动中，英国航海家詹姆斯·库克取得了同时代航海家无法比拟的辉煌成绩。从 1773 年起，库克持续十余载的三次远航"发现"了太平洋上的诸多岛屿，自库克完成探险之后，太平洋上未被"发现"的岛屿已寥寥无几。具体到库克群岛，库克船长相继"发现"了马努瓦埃环礁、帕默斯顿环礁、芒艾亚岛、阿蒂乌岛、塔库特阿岛。

1773 年 8 月，库克船长在其第二次远航中到达塔希提岛，然后继续朝西南方向远航。1773 年 9 月 23 日，船队望见马努瓦埃环礁，没有发现有人居住，船队也未靠岸登陆。1777 年 4 月 6 日，在第三次远航中，库克船长再次抵达马努瓦埃环礁。岛上冲出六七只土著人驾驶的双体独木舟。通过随行的塔希提土著人欧迈，库克船长了解到当时该岛为阿蒂乌岛酋长所统治。库克船长派遣手下金中尉率两艘武装船只探访该岛，岸上的土著人将一些椰子扔到金中尉的船上并邀请他们上岸。因岸上的土著人均手持长矛与棍棒，金中尉没有贸然登陆。最初库克船长为该岛取名为"三明治"，后来改为"赫维岛"，以纪念英国海军大臣赫维。

1774 年 6 月 16 日，库克船长在其第二次航行的过程中"发现"了帕默斯顿环礁。第二六，库克船长抵近观察该岛，看到该岛由 6 个小岛组成，但未发现有人居住，而且也没有船舶停靠点。1777 年 4 月 13 日，在其第三次远航中，库克船长看到该岛。14 日，库克船长率领四艘船登陆该岛，发现岛上栖息着大量的军舰鸟及一些热带鸟，以及红蟹和褐鼠。库克船长将岛屿命名为帕默斯顿环礁，以纪念英国海军大臣帕默斯顿勋爵。

芒艾亚岛是库克船长在其第三次远航中"发现"的。1777 年

3 月 29 日上午，在离开新西兰赴塔希提岛途中，"发现号"率先望见了芒艾亚岛。库克船队翌日抵近芒艾亚岛西侧。一些身着树皮布的土著人挥舞着长矛和棍棒朝船队呼喊、招手。两个土著人驾着独木舟登上"决心号"，并与欧迈交谈。3 月 30 日，库克船长离开芒艾亚岛，率领船队继续北上。

在第三次航行中，库克船长还"发现"了阿蒂乌岛和塔库特阿岛。1777 年 3 月 31 日，库克船队看到了阿蒂乌岛。4 月 1 日，库克船长派遣一些小船试图登陆及寻找停泊点。岛上的土著居民登上了库克船长的船只，并与船队交换了礼物。登陆的戈尔中尉、欧迈等人也受到了岛上酋长们的热情款待。驶离阿蒂乌岛后，库克船队在 4 月 4 日抵达塔库特阿岛。之后船队成员登陆该岛收集食物。

（三）布莱与"邦蒂号"的"发现"

南太平洋的面包果树在 18 世纪 80 年代引起了欧洲殖民者极大的兴趣，欧洲殖民者认为南太平洋的面包果能够解决其加勒比地区奴隶的食物来源问题。不过，面包果树虽易于生长，却无种子，要种植这种树木，只能在树枝上砍开缺口使其生根，之后，将此段树枝再移植到另外的地方，方能生长成一株新树。英国航海家威廉·布莱（William Bligh）被任命为"邦蒂号"（Bounty）的中尉指挥官，在 1787 年奉命远航太平洋，主要是收集塔希提岛一带的面包果树苗，然后用"邦蒂号"把树苗运送至西印度群岛试种，以作为种植园奴隶的主要食物来源。威廉·布莱曾经追随库克船长远航，航海经验丰富。虽然航行途中"邦蒂号"发生了震动西方的叛乱，导致未能按原计划远航，不过该船也"发现"了一些原先欧洲人未知的岛屿，包括库克群岛的艾图塔基岛、拉罗汤加岛等。

1787 年 12 月 23 日，"邦蒂号"从英国南部的斯皮特黑德海峡出发，开始了其远航太平洋的征程。"邦蒂号"船长 90 英尺，排水量为 215 吨。全船人员共 46 人，其中包括曾经跟随布莱远洋过的"邦蒂号"大副克里斯琴及其他两名船员。1788 年 10 月 26 日，"邦蒂号"经好望角抵达塔希提岛。因季节问题，直到 1789 年 4 月 4 日，"邦蒂号"才装满面包果树苗驶离塔希提岛。4 月 11 日，"邦蒂号"首次抵达艾图塔基岛，一位艾图塔基岛土著人驾着独木舟出来遇见布莱，与他行了碰鼻礼，并告诉他岛的名字。4 月 28 日，"邦蒂号"船员发动叛乱，大副克里斯琴将布莱及其他 18 名忠于布莱的船员捆绑起来，放到一艘小艇之上，任其在太平洋上漂流，直到 6 月 14 日，九死一生的布莱及其手下才漂流至帝汶岛获救。"邦蒂号"叛乱者一部分坚持在塔希提岛定居，一部分乘坐"邦蒂号"后来抵达皮特凯恩群岛。在赴皮特凯恩群岛途中，"邦蒂号"曾途经拉罗汤加岛，但是船员们并未登岸。英国海军部随后派遣"潘多拉号"军舰赴塔希提岛搜捕叛乱者，将滞留在塔希提岛上的 14 名叛乱者逮捕，经审判后将他们全部处死。1791 年 5 月 8 日，"潘多拉号"军舰造访艾图塔基岛。威廉·布莱在 1792 年 7 月 25 日重访艾图塔基岛。

（四）英国传教士约翰·威廉姆斯的"发现"

在"发现"库克群岛的过程中，英国传教士约翰·威廉姆斯的名字也时常为人所提起，他是第一个到库克群岛传教的西方传教士。约翰·威廉姆斯是伦敦宣教会成员，1817 年赴南太平洋社会群岛传教，在赖阿特阿岛（Raiatea）设立了第一个传教点。之后赴库克群岛传教，米蒂亚罗岛、毛凯岛、拉罗汤加岛开始为世人所知与威廉姆斯的"发现"紧密相关。

二　欧洲人在库克群岛的早期活动

从 19 世纪起，库克群岛逐渐为欧洲人所知。来此地造访的船只逐渐增加，最先是捕鲸船，继而是探寻与买卖檀香木的商船，西方传教士和欧洲移民也随后来到这里。

冒险家"发现"了新的太平洋岛屿之后，建立长久联系的重任就落在传教士身上。伦敦宣教会传教士约翰·威廉姆斯在 1821 年从塔希提岛附近的赖阿特阿岛出发抵达了库克群岛的艾图塔基岛。他将两个塔希提岛传教士留在那里，其中一个是刚刚皈依基督教的社会群岛的青年传教士帕培哈（Papeiha）。他通过塔希提岛的基督教皈依者向库克群岛人传教，取得了巨大的成功。1823 年，约翰·威廉姆斯返回艾图塔基岛，惊奇地发现帕培哈几乎使整岛的居民皈依基督教。这也激励威廉姆斯继续向南库克群岛其他诸岛传播基督教。1823 年，约翰·威廉姆斯首次登陆拉罗汤加岛。在早期传教士们的努力之下，库克群岛皈依基督教的人数增长迅速，基督徒的转化率远超波利尼西亚群岛的其他岛屿。1827 年，第一批常住的欧洲传教士来到库克群岛。

尽管基督教传教士威廉姆斯后来在新赫布里底即现在的瓦努阿图被杀，但基督教已开始真正地被植入库克群岛岛民的脑中。传教士成功地让不少传统的酋长和岛民抛弃了原始宗教，转而皈依基督教，并建立学校、教给当地人语言文字，以帮助岛民自己阅读《圣经》。他们同时教授给库克群岛人一些简单的工业技术及较为科学的农业知识，为库克群岛引入了西红柿、柑橘、菠萝、咖啡及许多田园蔬菜。在酋长的支持下，传教士也在库克群岛颁布"蓝法"，采取严厉的手段加强对库克群岛人的控制，严禁挑战教会条令的行为，一些日常生活中的习俗如饮用卡瓦酒、文身、女子衣服过短等，也被视为有伤风化。这一时期，库克群岛政治稳定，1858年，拉罗汤加王国成立，该岛从形式上完成了统一。在19世纪中期，西方人带来的疾病使拉罗汤加岛几乎面临灭顶之灾，人口数量急剧下降，一度不足2000人。灾难之后，从外岛定期迁移过来的岛民使拉罗汤加岛的人口数量回升到大约1万人。外岛人口同样明显减少，其原因则在于18世纪中期秘鲁在外岛捕掳奴隶，绝大多数被掳获贩卖的库克群岛岛民再也没有返回故里。19世纪60年代，北库克群岛尤其是马尼希基环礁的居民与彭林环礁的居民一度遭到活跃在秘鲁一带的奴隶贩子的捕掳。

第三节　英国殖民时期

从1888年到1901年新西兰将库克群岛合并，这一时期，库克群岛成为英国的"保护地"，英国对库克群岛实施正式的殖民统治，并组建了联合政府。

在欧洲人"发现"库克群岛后相当长的一段时间内，库克群岛主要由传教士和土著酋长进行治理，英国和法国对位于塔希提岛以西的这片极为分散的岛屿并不感兴趣。1843年，法国强占库克群岛的近邻塔希提岛，同时期，新西兰爆发了毛利战争。周边局势的动荡使库克群岛的酋长们深感不安。1844年，拉罗汤加岛的最高酋长寻求伦敦宣教会出面帮助库克群岛成为英国的"保护地"，以防范法国自塔希提岛西进占领库克群岛。拉罗汤加岛和芒艾亚岛都通过一项法令，禁止向外国人出售土地以及土著妇女与外国人通婚。1865年，拉罗汤加岛的最高酋长、伦敦宣教会传教士与居住

在库克群岛的英国居民正式向新西兰总督乔治·格雷递交请愿书，希望库克群岛成为英国的"保护地"。法国外交部则做出保证，称法国没有吞并拉罗汤加岛的打算。1881 年，英国政府任命贸易商 C. E. 古德曼为副领事，承认了库克群岛中立和独立的地位。1881 年 8 月 10 日，法国"雨贡号"战舰造访拉罗汤加岛，船长梅纳尔希望拉罗汤加岛最高酋长马基亚拉近与法国的关系。之后，库克群岛的酋长与欧洲贸易商写信给新西兰总督戈登，表达了他们对可能被法国占领的恐惧和希望成为英国"保护地"的意图。1885 年 10 月，拉罗汤加岛最高酋长马基亚携其丈夫——阿蒂乌岛的最高酋长恩格马鲁赴新西兰，与新西兰土著事务部部长约翰·巴兰斯会谈，表达让库克群岛成为英国"保护地"的强烈愿望。1886 年 3 月，拉罗汤加岛的欧洲居民向英国外交部请愿，请求英国政府任命一名英国全权领事，以保护其利益。有关法国将侵占库克群岛的传言愈演愈烈，导致库克群岛酋长们又举行了一次请愿活动。拉罗汤加岛与阿蒂乌岛的酋长向新西兰总督重新递交了一份请愿书。最终英国政府答应了库克群岛的请求。1888 年 9 月 27 日，英国驻拉罗汤加岛副领事伊扎姆（R. Exham）正式宣告南库克群岛的拉罗汤加岛、芒艾亚岛、艾图塔基岛、毛凯岛、米蒂亚罗岛、塔库特阿岛为英国的"保护地"。一个月后，埃德蒙·伯克率领英国皇家战舰"风信子号"抵达库克群岛，在拉罗汤加岛、阿蒂乌岛、毛凯岛、米蒂亚罗岛等地升起英国国旗，宣称这些岛屿为英国领土的一部分。因拉罗汤加岛成为整个库克群岛的宗教和贸易中心，北部各礁岛与拉罗汤加岛联系日益密切，在拉罗汤加岛成为英国的"保护地"后，北库克群岛也逐渐被置于英国的"保护"之下。

　　1890 年 10 月，F. J. 莫斯（F. J. Moss）被委任为英国驻库克

群岛专员。1893 年，英国在斐济设立的驻西太平洋高级专员公署将管辖权扩展到库克群岛。在英国统治期间，库克群岛联合政府成立。随后库克群岛成立了联合议会，其中一半的议员由选举产生，另外一半则由库克群岛高级酋长们担任。联合议会成立以后，库克群岛各岛实行自治。英国并不乐意管理库克群岛，来自新西兰和欧洲的当地居民则继续施压，要求新西兰接管库克群岛。尽管莫斯雄心勃勃的计划未获成功，但政策措施削弱了宗教与政权之间的关系。当时的新西兰总理威廉·塞登雄心勃勃，极力拓展新西兰的势力范围。1898 年，新西兰人 W. E. 格杰恩（Walter Edward Gudgeon）取代莫斯，成为英国驻库克群岛专员，在行政事务中发挥了更强大的影响力，为新西兰从英国手中接管库克群岛铺平道路。库克群岛的马基亚女王对被并入新西兰并不满意，更希望库克群岛成为英国的属地。

第四节　新西兰殖民时期

新西兰被视为"南方的英国"，太平洋命运观在新西兰一度流行。早在 19 世纪 40 年代，乔治·格雷爵士等人曾提出要将库克群岛各岛屿交由新西兰统治。19 世纪 70 年代以后，作为后起之秀的德国、美国都向南太平洋地区加强了渗透，再加上已捷足先登的法国，西方帝国主义国家在该区域竞争加剧，英国所面临的挑战越来越大。囿于相对优势的削弱，再加上人力、物力和财力所限，英国将较为偏远的一些太平洋岛屿的管理权让渡给自己所信赖的殖民地如澳大利亚和新西兰，如将库克群岛交由新西兰管理。1883 年，乔治·格雷在新西兰议会提出将库克群岛等太平洋诸岛屿合并入新西兰的法案，虽然获得议会通过，但遭到英国否决。

1901年，库克群岛成为新西兰的属地，格杰恩就任首任新西兰驻库克群岛专员。不久纽埃也成为新西兰的属地而且被并入库克群岛（之前，纽埃一直附属于汤加、萨摩亚）。在任期内，格杰恩采取强硬措施，大幅削弱酋长们在社会生活中的强势地位。1902年，库克群岛成立了岛屿土地法庭。土地法庭的职责主要是解决土地纠纷及登记土地拥有者、记录土地所有权、削减酋长对土地的权力、促使库克群岛岛民商业开发土地、将部落掌控之外的土地租赁给欧洲人以增加收入。1901年联邦委员会成立，取代了原来的联邦议会。1915年，新西兰议会通过了《1915年库克群岛法案》。废除联邦委员会，由南库克群岛组成的"联合政府"也成为历史。在新西兰的殖民统治下，南库克群岛与北库克群岛联成一体。

1914年，第一次世界大战爆发。作为英国自治领的新西兰，不仅给予英国积极的援助，而且组织远征军赴海外作战。其中，库克群岛也派遣人员参加了新西兰远征军，开赴欧洲战场。第一批共45人在1915年10月到达欧洲，补强新西兰远征军中的毛利先锋营，主要在埃及与法国作战。第二批库克群岛士兵共120人，在1916年7月先是抵达新西兰奥克兰市接受训练，然后于11月被派往西奈半岛与巴勒斯坦地区，参加了与奥斯曼土耳其的作战，这支队伍被称为"拉罗汤加连队"。1918年2月，在法国的新西兰毛利先锋营中的库克群岛人及其他太平洋岛国士兵也被派往巴勒斯坦，编入拉罗汤加连队，加上同年8月抵达的第三批库克群岛士兵，拉罗汤加连队人数最多时达280人。最初其任务为在地中海海岸从船上卸弹药及为英国皇家炮兵搬运军火，后来是在战场最前线运送弹药，战争末期该连队兼管清理被俘敌军的军火。在巴勒斯坦、法国和埃及的战场上，库克群岛士兵赢得了良好的声誉。为第一次世界大战协约国取得胜利做出了不可磨灭的贡献。

第二次世界大战期间，太平洋战争爆发后，美军计划在新西兰与夏威夷岛之间开辟一条新航线。库克群岛的艾图塔基岛与彭林环礁被选作美国海军航空运输基地。1942 年，1000 余名美国士兵控制了这两个岛礁，一年后，一部分美军离开，但是每个岛都留有 200 ~ 300 名美军驻防，一直持续到战争结束。彭林环礁有 500 余名库克群岛居民，至少有 70 人受雇于美军。艾图塔基岛有 2000 余名居民，约三分之二的居民被美军雇用修建飞机场。这一时期，大批库克群岛岛民进入新西兰。

战后，随着非殖民化运动的推进，库克群岛的建国之路开始明朗。1960 年 12 月，联合国大会通过了由 43 个亚非国家提出的《非殖民化宣言》，宣言规定联合国对包括非自治领土、托管领土及尚未独立的一切领土在内的殖民地均拥有监督权，强调"立即"与"无条件"给予殖民地独立地位。宣言对非自治领取得完全自治的方式做出具体规定，即以一个主权独立国家的面貌出现，或与一个独立的国家进行自由联合，或与一个独立国家统一。为落实该宣言，联合国专门成立了非殖民化特别委员会，以处理殖民地实现自治与独立的相关事务。新西兰对该宣言也投了赞成票。这一宣言给予库克群岛极大的鼓舞。自 1959 年起，库克群岛外贸出口大增，航运业发展较快，也刺激了库克群岛独立的念头。

1962 年，新西兰岛屿事务部部长格茨在库克群岛立法议会致辞，就库克群岛的未来前景提出了四种可能的路径。一是像萨摩亚

一样完全独立，新西兰在今后仍会继续对其提供援助。二是实行内部完全自治。库克群岛人仍然保留新西兰公民资格，库克群岛人及库克群岛产品可以自由进出新西兰，但库克群岛人必须自己管理库克群岛事务。三是并入新西兰。四是如果未来出现波利尼西亚联邦的话，库克群岛并入波利尼西亚联邦。库克群岛立法议会倾向于第二种方案。1963年，立法议会选出由五名成员组成的执行委员会。1963年，库克群岛立法议会通过了一份提案，该提案被视为库克群岛宪法发展的蓝图。该提案决定库克群岛实行内部完全自治，不过库克群岛人民仍保留新西兰公民资格，与新西兰拥有共同的国家元首即英国女王，与新西兰继续保持自由联系关系。同年，新西兰政府正式对库克群岛立法议会的决议表示赞成。依据决议的精神与原则，库克群岛宪法制定工作启动。1964年，库克群岛宪法法案在新西兰议会中获得通过。1965年5月10日，新的库克群岛立法议会选举出新一届执行委员会，继续着手制定宪法事宜。联合国也派出代表团监督库克群岛选举。6月7日，新西兰议会通过了《1965年库克群岛宪法修正案》，其中规定："库克群岛实行自治，但必须与新西兰保持自由联系"；"批准库克群岛宪法"；"库克群岛宪法需在1965年8月4日生效"。

从成为新西兰属地直至1965年，新西兰一直对库克群岛疏于管理和经营。新西兰政府曾断断续续地尝试改善库克群岛的设施，但大多数新西兰人对殖民扩张并无兴趣，对库克群岛的地理位置也模糊不清。1946年新西兰选举了议会上院，开始允许库克群岛人积极参与本土事务的管理。第二次世界大战后，新西兰经济繁荣，促使工厂需要大量的非技术工人，这些劳工主要从萨摩亚、库克群岛、纽埃和托克劳等地区输入。新西兰国内有数量众多的毛利人，再加上成千上万的从上述地区移居过来的波利尼西亚人,使得新西兰成为世界上波利尼西亚人口最多的国家。

第五节　建国后的历史

1965 年宪法正式生效后,库克群岛内部完全自治,享有完全的立法权和行政权,并与新西兰保持自由联系关系。

阿尔伯特·亨利执政时期 (1965 ~ 1978) 是库克群岛初塑民族认同的时期。1965 年,库克群岛党领袖阿尔伯特·亨利当选为库克群岛首任总理。在担任总理的前期 (1965 ~ 1974),亨利提出"团结"与"进步"作为国家核心价值观。倡导库克群岛传统文化,兴建了国家艺术剧院,打造"宪法庆典"品牌,挖掘传统民俗和文化精粹,塑造和提升库克群岛岛民民族意识和国家认同感。在政治上,一方面建立最高酋长院,另一方面大力推进民主政治。在外交上,阿尔伯特·亨利也逐渐塑造独立外交的形象。积极参与缔造南太平洋论坛,逐渐加强与国际组织的合作。1973 年,新西兰总理致信亨利,就新西兰与库克群岛之间的自由联系关系做出解释,强调了双方之间对等的地位。1974 年 1 月 24 日,库克群岛所有有常住居民的岛屿,第一次举行了同时插国旗的行动(普卡普卡环礁、纳索岛和帕默斯顿环礁除外,因为这三个岛礁尚未收到国旗)。1974 年,拉罗汤加国际机场竣工,改变了库克群岛交通不便的状况,为其旅游业和相关行业的腾飞插上了翅膀。1978 年阿尔伯特·亨利因曝出涉嫌选举舞弊而折戟政坛。在担任总理的晚期(1974 ~ 1978),亨利强调库克群岛人"毛利"民族色彩。拉罗汤加国际机场的竣工吸引了越来越多的游客来到这里,库克群岛作为

一个具有独特文化和风情的新兴国家开始展现在世人面前。

汤姆·戴维斯执政时期（1978～1983）是库克群岛经济开始起飞的阶段。1978年，民主党创建人汤姆·戴维斯接替阿尔伯特·亨利就任总理。汤姆·戴维斯提出的施政理念为打造"经济共同体"，将工作重心放在发展旅游业等行业上，以达到尽快振兴库克群岛经济的目的。20世纪80年代末，库克群岛经济严重依赖旅游业。在这一时期，库克群岛继续积极参与国际事务。1984年成为世界卫生组织成员国；1985年加入联合国粮农组织；1985年作为缔约国在《拉罗汤加条约》（《南太平洋无核区条约》）上签字，明确表明了自己的无核化立场。1986年成为国际民航组织的一员，其外交日趋独立。新西兰在1988年公开宣布，"将来新西兰不再把国际协议扩展到库克群岛"。1989年，新西兰政府照会联合国，声明库克群岛具有完全的宪法能力，能够自主处理对外关系与签署国际协定，要求国际社会把库克群岛作为主权国家对待。

自20世纪80年代末直至90年代中期，库克群岛发展进程遭遇重挫。1994年、1995年库克群岛经济崩溃。1996年3月，库克群岛政府推出进行经济改革的综合性文件《复兴之路：改革议程》。经济改革主要实现三个目标：一是保持宏观经济稳定，重点实现财政收入与外债平衡，减少债务；二是厉行结构改革，减少政府在核心生产部门的比重，提升私人企业的比重；三是降低风险，尤其是社会风险。改革内容主要包括削减公共部门和公务员的数量，加强财务和经济管理，刺激私有经济增长，改革主要生产部门（旅游业、农业、海洋资源）。在压缩公共部门和裁员方面，库克群岛力度很大。具体措施为：强制大批公务员退休，将政府各部委由 52 个缩减为 33 个；废除 10 个副部级岗位；废除大部分驻海外外交官职位；自 1996 年 3 月 1 日起，临时性地全面削减 15% 的议员及公务员工资；削减公费支出，取消或减少原定的国际事务中的费用支出；把国有宾馆及部分国有企业推向市场。这一综合性改革使库克群岛逐渐走出困境。

21 世纪，库克群岛发展步入快车道，旅游业带动了整个经济的腾飞。库克群岛成为太平洋岛国中发展态势最好的国家之一。自 2007 年起，在联合国、亚洲开发银行等协助之下，库克群岛绘制了国家综合发展的远景蓝图《库克群岛可持续发展计划》。2012 年 8 月 27 ~ 31 日，库克群岛拉罗汤加岛成功地承办了第 43 届太平洋岛国论坛领导人会议。

第六节　著名历史人物

马基亚·塔考·阿里基（Makea Takau Ariki）　　出生于 1839 年，1911 年去世，库克群岛女王。马基亚·塔考自 1871 年起任马基亚·努伊王朝（又称"大马基亚王朝"）的第 27 任首领。1874 ~ 1911 年为库克群岛女王。其丈夫恩格马鲁·容格提尼·阿里基（Ngamaru Rongotini Ariki）是阿蒂乌岛及相邻的毛凯岛、米蒂亚罗岛的三大酋长之一。面对法国进攻的危险，在马基亚力主之下，库克群岛与英国签订条约，于 1888 年成为英国的"保护地"。在马基亚女王统治之下，库克群岛相对繁荣和平。

阿尔伯特·亨利（Albert Henry）　　1907 年 6 月 11 日出生于拉罗汤加岛，1981 年 1 月 1 日去世，是库克群岛著名政治家，库克群岛党创建人，库克群岛第一任总理。曾就读于艾图塔基岛阿诺

拉中学、新西兰奥克兰圣斯蒂芬学院。早年在新西兰做过职员、教师、售货员、水果市场和葡萄种植园工人。后曾在新西兰工党与工业工会工作。1964 年创建库克群岛党，1965 年该党在大选中获胜，亨利出任库克群岛首任总理。之后于 1968 年、1972 年、1974 年连任库克群岛总理，兼任外交、财政、经济发展、工业和交通、司法等部部长。1974 年被英国授予爵士封号。在 1978 年大选中，库克群岛党虽获胜组阁，亨利也获得连任，但因大选舞弊于同年 7 月被弹劾去职，其爵士封号在 1980 年也被剥夺。1981 年去世，被安葬于阿瓦鲁阿的库克群岛天主教会教堂。

亨利·普那（Henry Puna）　　出生于 1949 年 7 月，肄业于新西兰奥克兰大学，毕业于澳大利亚塔斯马尼亚大学，获法律学士学位。其父图阿库·曼纽拉（Tuakeu Manuela）曾为库克群岛立法议会成员。2005 年当选马尼希基选区议员。自 2006 年至今担任库克群岛党领袖。2010 年 12 月出任库克群岛政府总理，2014 年获得连任。曾担任南太港口协会主席、库克群岛港口管理局主席、美拉尼西亚先锋集团轮值主席等职务。

威廉·希瑟（William Heather）　　1958 年 7 月出生于拉罗汤加岛。先后毕业于库克群岛阿罗朗伊小学、特里奥拉中学、新西兰奥斯陆中学。1980 ~ 1997 年为库克群岛英式橄榄球队成员。2006 年当选为议员并成为民主党党鞭。2009 年 12 月被任命为交通、公共事务与计划、能源等部部长。2012 年担任民主党副主席。2015 年当选为民主党主席。其弟为现任库克群岛副总理铁里基·希瑟。

汤姆·马斯特斯（Tom Marsters）　　1945 年出生于帕默斯顿环礁。毕业于萨摩亚阿费勒农学院与英国格里姆斯比理工学院。

1968～1999 年担任库克群岛党秘书。1991 年首次当选为议员。
1997～2005 年，马斯特斯先后在杰弗里·亨利、伯特·温顿、吉
姆·马鲁雷政府担任部长职务。2010 年马斯特斯被任命为副总理，
2013 年 6 月 5 日接替古德温担仁库克群岛女王代表至今。

铁里基·希瑟（Teariki Heather） 1959 年 7 月出生于拉罗
汤加岛。就读于库克群岛阿罗朗伊小学、特里奥拉中学。2003 年
组建库克群岛国家党（Cook Islands National Party），倡导政治改
革，要求缩短议会任期。2003 年以库克群岛国家党候选人身份竞
选议员失败。2004 年解散国家党，加入库克群岛党。2010 年被任
命为司法部、公共建设与计划部部长，2013 年开始担任库克群岛
副总理。

威尔基·拉斯姆森（Wilkie Rasmussen） 1958 年 3 月出生
于彭林环礁。毕业于新西兰奥克兰大学，获文学学士、文学硕士与
法学学士学位。2000～2002 年，拉斯姆森担任库克群岛驻新西兰
高级专员。2002 年，作为库克群岛党党员的拉斯姆森首次当选为
议员。2004 年，拉斯姆森在吉姆·马鲁雷的联合内阁中担任文化、
旅游部长，随后又担任外交部长。2006 年大选前，拉斯姆森转而
投入民主党阵营。民主党赢得大选后，拉斯姆森被任命为财政与经
济管理部长、总检察长，并于 2007 年担任民主党副主席。2009 年
8 月 25 日被吉姆·马鲁雷解除部长职务并被开除出民主党。2010
年 6 月，民主党大会恢复其党员资格并选举其为副主席。2012 年 2
月至 2015 年 4 月，拉斯姆森担任民主党主席。另外，拉斯姆森曾
担任非加太集团－欧盟联合议会大会共同主席一职。

吉姆·马鲁雷（Jim Marurai） 出生于 1947 年 7 月 9 日，库
克群岛前总理。从政之前曾任中学校长，在 1997 年选举中作为新

联盟党候选人经补选第一次进入议会。1999 年当选为议员，并在联合政府中担任内阁部长。2002 年初转投民主联盟党，仍担任内阁部长一职。后在温顿领导的内阁中担任教育部长，并负责文化、人力资源、公共服务委员会的工作。2004 年 11 月脱离民主联盟党创立新民主党，并在当年年底就任库克群岛政府总理。

第三章

政　治

库克群岛为英联邦成员国，历史上被英国与新西兰长期殖民统治，因而其政治模式深受两国影响。库克群岛的政治体制总的来看追随英国的威斯敏斯特体系，实行君主立宪制混合英国式议会民主制。另外，库克群岛在一定程度上保留了传统政治遗产，如设立了最高酋长院、库图努伊等。

第一节　国体与政体

1965 年，库克群岛获得完全自治。根据 1965 年库克群岛宪法，库克群岛实行君主立宪制度与代议制议会制度。议会行使立法权，内阁行使行政权，司法机构独立于行政机构和立法机构。库克群岛的国家元首是英国女王。在名义上，英国君主作为库克群岛君主行使最高统治权，在所有与库克群岛有关的事宜上，实际上根据库克群岛内阁的建议履行职责。鉴于国家元首不在库克群岛居住，设女王代表代行其职责。女王代表需由国民议会提名，由英国女王任命。女王代表主要是一个象征性的职位，体现了"虚君共和"的色彩。

一　国家元首

库克群岛宪法规定，"统治新西兰的英国女王是库克群岛的国

家元首"。在库克群岛，国家的所有权力建立在君主之上，英国女王作为库克群岛君主行使最高统治权，并且在所有与库克群岛相关的事务上，英国女王完全根据库克群岛内阁部长们的建议履行职责。

不过，库克群岛的君主立宪政体实际上体现的是"虚君共和"精神，也就是国家制定一套宪政规范，以确保人民的主权，同时也限制君主的权力。英国女王虽为库克群岛国家元首，但只限于代表性地位，不具有实质的政治权力。英国女王在库克群岛并不亲自行使国家元首的诸种权力和履行相关义务，而是由女王代理人——库克群岛女王代表行使其职权。英国女王根据库克群岛国民议会的建议来任命女王代表。在女王代表获得御准之前，英国女王应被告知总理的决定。

另外，根据《1931 年威斯敏斯特条例》（Statute of Westminster 1931），库克群岛与英国及其他的英联邦国家共同拥有一个君主，库克群岛如果未经其他英联邦国家一致同意，则不能改变王位继承规则，除非通过修宪声明放弃共享君主。

二　女王代表

女王代表是库克群岛国家元首、联合王国君主（目前是女王伊丽莎白二世）在库克群岛的代表，最初曾被称为"高级专员"。库克群岛 1965 年宪法规定，库克群岛高级专员是女王代表，同时也是新西兰政府驻库克群岛代表，履行国家元首的职责，在与库克群岛政府磋商后，由新西兰总督任命。1982 年 4 月，高级专员改称女王代表，同时不再兼任新西兰政府驻库克群岛代表。女王代表改由联合王国君主根据库克群岛总理的建议任命，任期 3 年。库克群岛宪法第一部分第 4 条规定，库克群岛女王代表的就职誓言如下："我，——，向万能的上帝宣誓：我将依照法律，真正忠诚于作为库克群岛最高元首的国王陛下①及其法定的继承人和继任者。我将根据宪法与法律，维护女王代表职务的尊严，公正、忠实地履行我的职责。愿上帝佑我！"

女王代表在许多重要事务中代表女王，行使女王所授予的职权。承担英国女王在库克群岛的公共责任，如充当诸多组织的赞助人、出席重要宴会和各种正式集会、召集特别会议、任命政府部长等。库克群岛宪法规定，女王代表必须根据内阁、总理或政府部长的建议行事。如果女王代表在 14 天内未对内阁、总理或政府部长提出的建议在宪法和法律赋予其权限内做出相应处理措施，则被视为同意该建议。库克群岛宪法还规定，当女王代表职位空缺，或者女王代表离开库克群岛或因其他原因不能履行职责时，其职责由库克群岛首席大法官履行；当首席大法官也离开库克群岛或因故不能履行女王代表职责时，则由高等法院法官履行职责。

库克群岛现任女王代表为汤姆·马斯特斯，于 2013 年 7 月 27 日就职。

第二节 宪法与选举制度

一 宪法

（一）宪法发展简史

1962 年，库克群岛立法议会通过了一份决定库克群岛实行内

---

① 需详细指明在位君主的姓名，如女王伊丽莎白二世。

部完全自治的提案。该提案规定，自治后库克群岛人民仍保留新西兰公民资格，与新西兰拥有共同的国家元首即英国女王，与新西兰继续保持自由联系关系。同年，新西兰政府正式对库克群岛立法议会的决议表示赞成。依据决议的精神与原则，库克群岛宪法制定工作启动。1964 年，库克群岛宪法法案同时呈送至新西兰议会与库克群岛立法议会。11 月 17 日，新西兰议会通过了库克群岛宪法法案。1965 年 5 月 10 日，新的库克群岛立法议会选举出新一届执行委员会，继续着手宪法制定事宜。联合国也派出代表团监督库克群岛选举。6 月 7 日，新西兰议会通过了《1965 年库克群岛宪法修正案》，其中规定，"库克群岛实行自治，但必须与新西兰保持自由联系关系"；"批准库克群岛宪法"；"库克群岛宪法需在 1965 年 8 月 4 日生效"。之后宪法历经多次修改，最近的一次修改是在 2004 年，内容为取消海外议席，并将议会的任期由 5 年改为 4 年。

（二）宪法内容

库克群岛宪法是库克群岛的最高法律。宪法规定，库克群岛实行完全的内部自治，同新西兰自由联合。库克群岛岛民兼具英国臣民与新西兰公民的身份。英国女王和新西兰政府都有权派驻库克群岛代表。库克群岛宪法阐释了库克群岛政体的基本要素，包括行政、议会和司法的作用、职责和权力；法律体系的组织和结构；生命权、信仰自由权、人身自由权、土地权、财产权等公民基本权利。规定以三权分立原则组织国家政权机关：行政机构由行政管理人员及政策制定者组成；立法机构由法律的制定者组成；司法机构由法律的解释者组成。三个部门在组织上各自独立，分别通过不同的程序方式产生。

二 选举制度

库克群岛宪法第 27 条规定，库克群岛议会选举实行的是简单多数选举制度，又称"单选区制"、"小选区制"、"领先者当选制"（First Past The Post，FPTP），该选举制度的历史可以追溯至中世纪的英国。获得相对多数有效选票的候选者被认定为获胜者。全民参政让每个选民都可以成为议员候选人。关于选举人资格的规定不存在性别差异（但是对居住情况有要求）。根据库克群岛《1998年选举法案》，只有年满 18 岁的公民才有权投票和作为候选人参加选举。

在小选区制度下，目前库克群岛全国被划分为 24 个选区，共产生 24 名议员。如果一个政党能够获得议席中的绝对多数票，就相应获得下一届政府的组阁权，该政党领袖则顺理成章地成为库克群岛总理。如果参加选举的各政党均未获得绝对多数票，那么由两个或更多的政党出面共同组成联合政府。库克群岛议员由普选产生，目前库克群岛 24 个议席分布情况大致如下。艾图塔基岛及马努瓦埃环礁、特欧奥图岛被划分为 3 个选区，占 3 个席位；阿蒂乌岛占据 2 个席位；芒艾亚岛占 3 个席位；马尼希基环礁占 1 个席位；毛凯岛占 1 个席位；米蒂亚罗岛占 1 个席位；彭林环礁占 1 个席位；普卡普卡环礁与纳索岛共占 1 个席位；拉卡杭阿环礁占 1 个席位；拉罗汤加岛与帕默斯顿环礁被划为 10 个选区，占 10 个席位。

库克群岛土狭人稀，该选举制度自 1965 年实施以来也比较适合该国国情。在单记名选区的基础上，该选举制度可以确保选民和地方议员之间的密切联系，也易于相互理解和利于操作。不过该制

度容易造成由库克群岛党、民主党两大政党或集团轮流控制议会的
局面，压缩了第三党赢得席位及施加影响的空间。第三党的拥护者
经常由于选区划分及地理上的原因而不能集中在一个或多个选区形
成简单多数，导致第三党所获得的选票与所取得的席位数不成比
例，因此第三党在库克群岛成长愈来愈艰难。

三　建国后历届大选

1965 年 4 月 20 日，库克群岛举行首次大选，选举出 22 名立法
议会议员。以阿尔伯特·亨利为首的库克群岛党赢得选举胜利，获
得 14 个席位。阿尔伯特·亨利成为库克群岛的第一任总理。因为
这次选举有可能导致库克群岛被从联合国的非自治领土名单中删
除，联合国派出了观察员监督本次大选。新成立的立法议会通过了
库克群岛宪法，库克群岛自 1965 年 8 月 4 日起实行自治。自此，
联合国将库克群岛从非自治领土名单中删除。

库克群岛 1968 年大选于当年 5 月 1 日举行，库克群岛党赢得
16 个席位，新成立的民主党赢得 6 个席位，成为议会反对党。阿
尔伯特·亨利获得连任。

1972 年大选在当年 3 月举行，库克群岛党赢得选举，获得议
会 22 个席位中的 15 席，赢得 68.2% 的选票。民主党则赢得了 7 个
席位、31.8% 的选票。阿尔伯特·亨利连任总理。

1974 年大选于当年 9 月 22 日举行。库克群岛党赢得选举，获
得了 14 个席位、63.6% 的选票。民主党赢得了 8 个席位、36.4%
的选票。阿尔伯特·亨利获得连任。在此次大选中，民主党引入
"飞行选举"的方法，征用了瑙鲁航空公司的一架波音 727 飞机将
不同党派的选民从新西兰运至库克群岛首都阿瓦鲁阿进行投票，机

票费用由选民自己支付。

1978 年大选在当年 3 月 30 日举行。最初，阿尔伯特·亨利领导的库克群岛党获胜。但调查发现，库克群岛党动用公款用飞机将众多选民从新西兰运至库克群岛投票，选举的结果备受质疑。经高等法院裁决，其中 8 名议员的选举结果被推翻。阿尔伯特·亨利随后被控犯有舞弊罪和滥用公款罪，其爵士头衔也遭到剥夺，库克群岛党候选人资格被取消，民主党领导人汤姆·戴维斯成为库克群岛新一任总理。

1983 年 3 月 30 日库克群岛举行了新一届大选，共选举出 24 名议员组成新一届议会。库克群岛党获胜，库克群岛党候选人杰弗里·亨利组建新一届内阁。但几个月后选举结果被推翻，议会被解散。1983 年 11 月 2 日又举行了新的选举，选出 24 位新议员。库克群岛党与民主党组成联合政府，民主党领导人汤姆·戴维斯就任库克群岛总理，库克群岛党候选人杰弗里·亨利就任副总理。后来特里派·马奥阿特（Terepai Maoate）取代了杰弗里·亨利，就任副总理。

1989 年 1 月库克群岛举行大选，库克群岛党赢得 12 个席位，民主图穆党赢得 2 个席位，民主党赢得 9 个席位，独立候选人赢得 1 个席位。民主图穆党选择支持库克群岛党，杰弗里·亨利第二次就任库克群岛总理。

1994 年大选在当年 3 月 24 日举行，共选举出 25 名议会议员。库克群岛党在本次选举中获得压倒性胜利，共赢得 20 个席位。民主党赢得 3 个席位，新成立的联盟党则获得 2 个席位。杰弗里·亨利连任库克群岛总理。

1999 年大选于当年 6 月 16 日举行，共选举出 25 名议员组成新

一届议会。其中，库克群岛党赢得 11 个席位，民主联盟党获得 10 个席位，新联盟党赢得 4 个席位。选举结果揭晓后，库克群岛党选择与新联盟党结盟，组成联合政府，杰弗里·亨利担任总理，新联盟党领袖诺曼·乔治担任副总理。然而，三名库克群岛党议员随后退党，并加入民主党，这导致杰弗里·亨利被迫辞职。乔·威廉姆斯成为新一任库克群岛总理，但在 11 月，乔·威廉姆斯被迫辞职，之后库克群岛进行补选，重组政府。最终，民主党候选人特里派·马奥阿特成为库克群岛总理。2002 年 3 月 11 日，库克群岛议会以 15 张赞成票通过了海外议员乔·威廉姆斯所提出的对时任总理特里派·马奥阿特的不信任案，并推选时任库克群岛副总理兼外长罗伯特·温顿为新任总理。罗伯特·温顿接替特里派·马奥阿特担任库克群岛总理。2002 年 12 月 19 日，总理罗伯特·温顿宣布，召回在 2002 年 11 月被革职的原司法部长诺曼·乔治，其将作为普通议员重新返回政府，以确保该届政府在政治改革时能获得议会 2/3 多数的支持。2003 年 1 月 31 日，总理温顿解除了副总理杰弗里·亨利的所有职务，任命前总理特里派·马奥阿特为库克群岛副总理，汤加诺·瓦维亚则接替汤姆·马斯特斯出任内阁部长。

2004 年大选于当年 9 月 7 日举行。本次大选宣布取消海外议席，并将议会任期由原来的 5 年缩短为 4 年。初步选举结果显示，民主党曾大幅度领先，但最终选举结果则是两党非常接近。选举结果遭到质疑，高等法院接到 11 份选举质询书，新一届议会被推迟至 12 月中旬选出。在过渡时期，为确保连任总理，总理罗伯特·温顿宣布与反对党库克群岛党组建联合政府。这一决定导致了民主党的分裂，民主党将温顿与卫生部长佩里·瓦瓦·佩尔（Peri Vaevae Pare）开除出党。2004 年 12 月 1 日，温顿宣布组建新政党——库克群岛第一党，最初成员包括温顿、佩里·瓦瓦·佩尔、时任教育部长吉姆·马鲁雷以及民主党的两名普通议员提努伊·马普迈（Teenui Mapumai）、波科·辛普森（Poko Simpson）。该党与库克群岛党以及独立候选人皮霍·鲁阿（Piho Rua）结盟，温顿继续担任总理，随后温顿辞职以图赢得补选，这导致联合政府解散，吉姆·马鲁雷取代温顿担任库克群岛总理。

2006 年大选在当年 9 月 27 日举行。早在 2006 年 7 月，环境部长泰纳·毕晓普从内阁辞职，加入了反对党库克群岛党。之后不久，库克群岛党赢得梅特维拉（Matevera）选区的补选。民主党面临的选举形势严峻，民主党政府先发制人，提前解散议会，举行大选。库克群岛党领导人杰弗里·亨利爵士在竞选中宣布退出，其继任者汤姆·马斯特斯成为反对党领袖。库克群岛党议员威尔基·拉斯姆森宣布加入民主党，库克群岛党未能提名合适的人选，导致彭林环礁的议席旁落。最终民主党赢得大选，获得 14 个席位，吉姆·马鲁雷连任总理。

2010 年大选于当年 11 月 17 日举行。自 2004 年开始执政的吉姆·马鲁雷在 2009 年遭遇重大挫折，民主党濒临分裂。2009 年 12 月财政部长特里派·马奥阿特因投标收购"托阿"（Toa）燃油库失败而被解职。3 位民主党内阁部长辞职以表示抗议，民主党宣布开除马鲁雷党籍。马鲁雷拒绝重新召开议会会议以阻止对他及其内阁的不信任投票。民主党党代表大会于 2010 年 6 月重新接纳马鲁雷为其成员，并任命副总理罗伯特·威哥莫尔为党领袖，威尔基·拉斯姆森为民主党副主席，民主党避免了分裂。选举前夕，议长马普·塔亚（Mapu Taia）、皮霍·鲁阿两位民主党议员宣布退休。9 月 24 日，议会宣布解散。11 月 17 日举行大选。民主党的竞选政

策为确保社会稳定、提高国民福利、削减政府公共开支。库克群岛党的政策为提高儿童补助金，为每个婴儿提供 1000 美元补贴，解决国民生活费用。最终，库克群岛党获得 16 个席位，赢得大选，库克群岛党候选人亨利·普那就任库克群岛总理。

2014 年 7 月 9 日，库克群岛举行新一届议会大选，几经周折，经过补选于 2015 年 4 月 1 日落下帷幕，亨利·普那领导的库克群岛党获得 13 个席位，反对党民主党获得 9 个席位，一个库克群岛运动党获得 2 个席位。

第三节　行政

库克群岛的行政机构主要由总理、内阁、行政委员会组成。内阁名义上是女王代表的顾问。对国民议会根据内阁建议呈递给女王代表的任何建议，内阁负全面责任，并对任何部长在执行其职责时所做的任何事情负责。内阁是库克群岛的最高行政机构，由议会多数党组成，成员包括总理和各部部长，内阁向议会负责。内阁部长由总理推荐，由女王代表任命。

一　总理和内阁

从形式上看，宪法赋予库克群岛总理的职责主要是：任命部长、领导内阁、咨询女王代表以及充当政府发言人。除了任命部长与组建内阁外，库克群岛总理的其他重要职权还包括制定国家施政方针及领导国家发展。

宪法规定，内阁由总理和各部部长组成，不得超过 6 人。内阁由总理主持，总理掌握国家发展的总方向和政府的控制权。内阁对议会负责，总理负责各个部长的职责分工。只有总理，或在其缺席时委托部长召集内阁会议。内阁所做的所有决议必须记录在案，并呈送女王代表，女王代表必须在 48 小时内做出批复。有关库克群岛政府的政策和规划，均由内阁最终制定。内阁部长掌握政府中外交、内政、财政、交通、商业、教育、农业等重要部门的权力。内阁部长既要负责各自部门的工作，还要参与国家大政方针的决策以及政府的其他活动。

　　2014 年 7 月 9 日，库克群岛举行大选，亨利·普那领导的库克群岛党获得 13 个席位，反对党民主党获得 9 个席位，一个库克群岛运动党获得 2 个席位。亨利·普那再次就任总理。内阁成员如下：总理亨利·普那兼任能源及可再生能源、外岛事务、公共服务事务、海洋资源、旅游、外交及移民、交通等部部长和总检察长，副总理铁里基·希瑟兼任基础设施和计划、文化发展、警察服务等部部长，马克·布朗（Mark Brown）任财政与经济管理部、海底矿产与自然资源部部长，阿尔伯特·尼古拉斯（Albert Nicholas）任内务部、青年与体育部部长，南迪·格拉西（Nandi Glassie）任卫生部、司法部部长，吉利奥·图里普（Kiriau Turepu）任农业、环境、商业、贸易与投资等部部长，盖尔·汤森德（Gail Townsend）任教育部部长。库克群岛建国以来历任内阁总理见表 3 - 1。

　　二　行政委员会

　　行政委员会依照宪法规定设立，由女王代表和内阁成员组成。行政委员会指定一位秘书，他同时也是内阁的秘书。只有女王代表

表 3 - 1　库克群岛建国以来历任内阁总理

姓名	任期	政党
阿尔伯特·亨利	1965.8.4 ~ 1978.7.25	库克群岛党
汤姆·戴维斯	1978.7.25 ~ 1983.4.13	民主党
杰弗里·亨利	1983.4.13 ~ 1983.11.16	库克群岛党
汤姆·戴维斯	1983.11.16 ~ 1987.7.29	民主党
普浦克·罗巴蒂	1987.7.29 ~ 1989.2.1	民主党
杰弗里·亨利	1989.2.1 ~ 1999.7.29	库克群岛党
乔·威廉姆斯	1999.7.29 ~ 1999.11.18	库克群岛党
特里派·马奥阿特	1999.11.18 ~ 2002.3.11	民主党
罗伯特·温顿	2002.3.11 ~ 2004.12.14	民主党
吉姆·马鲁雷	2004.12.14 ~ 2005.12.14	民主党
	2005 ~ 2006	库克群岛第一党
	2006 ~ 2010.11.29	民主党
亨利·普那	2010.11.30 ~	库克群岛党

资料来源：库克群岛政府网站。

或内阁总理可以召集召开行政委员会会议。关于行政委员会会议法定出席人数，宪法规定为女王代表和至少3名内阁成员出席，如果在某个时期内，内阁成员仅为4人，那么需女王代表和至少2名内阁成员出席。在行政委员会会议上，内阁会议最初的决定可能会被确认、修改或复议。

行政委员会实际上只是名义上的库克群岛最高行政机构，它主要的作用是赋予政府内阁所通过的决议与任命以法律效力、接受政府官员的辞职、发布相关的公告与规章制度、签署正式文件等。政策真正的制定主要由内阁来完成。

三　地方行政机构

库克群岛地方行政机构是岛屿委员会。其职责是为民众提供良好、高效和有效的治理，协助协调与各岛经济和社会发展相关的一切活动。岛屿委员会的具体职责包括：一是维护公共利益；二是拟定执行与国家政策相一致的政策；三是代表中央政府为社区提供最好的公共设施和服务；四是通过宣传与地方政府相关的信息以提高透明度；五是促进财政责任和财务问责制；六是促进公正；七是鼓励民众积极参与社区活动；八是鼓励私营企业发展并促进岛屿之间的企业合作；九是促进岛屿资源和环境保护工作，走可持续发展之路；十是促进本岛屿社会与文化发展。

岛屿委员会的成员包括合法选举的市长、本选区的议员、本岛的最高酋长以及除最高酋长外的本岛酋长代表。

四　公共服务委员会

公共服务委员会是依宪法规定设立、由总理直接管理的独立机构，任何人不得干涉或影响委员会的工作。委员会的主要职能是负责公务员的录用、晋升、纪律考察等。公共服务委员会设一名专员，专员由英国女王根据库克群岛总理的建议来任命；如果被选举为议员，公共服务委员会专员则不能继续担任这一职务；公共服务委员会专员不得在公共部门中担任其他公职；公共服务委员会专员的报酬根据内阁的决议以薪金和津贴的方式发放。

公共服务委员会专员的任职由内阁决定，任职期满后可以被重新委任。公共服务委员会专员本人可随时将亲笔辞呈呈交给总理，提出辞职。如公共服务委员会专员出现残疾、破产、玩忽职守、贪污、行为不检等状况或行为，女王代表可根据总理的建议撤销公共服务委员会专员的职务。

该委员会还设有一个公共服务上诉委员会，其成员包括：高等

法院的首席法官，担任上诉委员会主席；一名根据总理建议、由女
王代表任命的公共服务委员会现任成员或前成员；一名依法律规定
选举出来的公共服务委员会现任成员或前成员。

第四节　立法与司法

一　议会

议会是库克群岛的最高权力机关。根据库克群岛宪法，议会是
库克群岛的立法机关，实行一院制。

库克群岛议会源自设立于 1946 年 10 月的库克群岛立法委员
会。立法委员会是一个附属立法机构，设立的目的是为库克群岛争
得更多的政治代表权以及打造治理良好的地方政府，但其通过的法
律不能与新西兰的已有法律相冲突。库克群岛立法委员会由 20 名
成员组成，其中 10 名官方成员由新西兰总督任命，另外 10 名非官
方成员由新西兰驻库克群岛专员推荐。后来，10 名非官方成员名
额被分摊到不同的岛屿，其中拉罗汤加岛 3 名，外岛 6 名，还有 1
名成员代表居住在库克群岛的欧洲人。欧洲人代表任期 3 年，本土
的岛屿委员则每年都要进行重新选举。库克群岛立法委员会于
1957 年改组为立法议会，由 22 名选举委员和 4 名指定官员组成。
在 22 名选举委员中，有 15 名成员通过秘密投票直接选举产生，7
名由岛民公开选举产生。1962 年，立法议会获得了对财政预算的审
批权。1965 年库克群岛独立后，立法议会获得了完全立法权。1981
年库克群岛立法议会改名为库克群岛议会。其中议员的人数与任期
年限也几经变化。最初议员人数为 22 人，由库克群岛民众普选产

生，任期 4 年。1981 年的宪法修正案将议员人数由 22 名增至 24 名，议员任期也增加到 5 年。2003 年议员人数则被定为 24 名。2004 年，库克群岛举行全民公投，公投结果决定议员任期改为 4 年。

库克群岛议会的主要职责是立法、组织政府、监督政府、拨款以及针对法案进行辩论。议会在大选后 90 天内召开会议，每年至少召开一次，两次会议之间相隔的时间不应超过 12 个月。

议会的领袖为议长，议长一般由总理提名，被选为议会议长的人，不得同时担任内阁部长职务。议会同时选出一位副议长，并规定，当议长或副议长都无法参加议会会议时，议会要从政府部长以外的议员中选举出一位议员来主持会议。议长可以随时将亲笔书写的辞呈交由议会秘书。经议会 2/3 的多数票通过，可以罢免议长或者副议长，或者同时罢免议长和副议长。库克群岛历任议长见表 3 - 2。

表 3 - 2 库克群岛历任议长

序号	姓名	任职时间
1	玛格丽特·斯托里（Marguerite Story）	1965 ~ 1979
2	大卫·马拉马·霍斯金（David Marama Hosking）	1979 ~ 1988
3	拉乌图提·塔林加（Raututi Taringa）	1989 ~ 1999
4	尼格雷提纳·普那（Ngereteina Puna）	1999 ~ 2001
5	哈蒙·波乌（Harmon Pou）	2001
6	普浦克·罗巴蒂（Pupuke Robati）	2001 ~ 2004
7	诺曼·乔治（Norman George）（连任）	2005 ~ 2006
8	马普·塔亚（Mapu Taia）	2006 ~ 2010
9	杰弗里·亨利（Geoffrey Henry）	2011. 2. 18 ~ 2012. 5. 9
10	妮基·拉特尔（Niki Rattle）	2012. 5. 22 ~

资料来源：库克群岛政府网站。

政党议员候选人或独立候选人可在本选区的群众集会上，公开宣传本政党或本人的竞选纲领，提出改良政治、发展经济及促进社会发展的主张，以赢得选民们的支持。在两次大选期间，如出现议席空缺的现象，要进行补缺选举，选举产生新的议员，弥补议席空缺。

政府由议会产生，并对议会负责，受议会监督。在库克群岛议会选举中，如果一个政党赢得超过一半的议会席位，则由该党组成多数政府。如果没有任何一个政党能够获得多数选民的选票，则只能由政党通过联合，把所得席位相加，只要其总和超过议会半数席位，便可组成联合政府。

议会行使监督政府的权力。政府提出的财政预算，只有经过议会同意方可通过。政府的增税方案只有在征得议会的同意后才能实施。议会可通过审计长和相关的委员会对政府的开支进行审查。议会的行政监督权包括质询、辩论、倒阁等。议员既可向政府的官员就其所掌管的事项进行询问，也可以以口头或书面形式就政府的施政方针、具体政策进行质询。

立法是库克群岛议会的重要职能。议会在法案正式成为法律之前必须对其进行审议。除了制定新法外，议会也对现行的法律进行修正。大多数议案由库克群岛政府提出，不过议员个人也可以提出议案。库克群岛议会的立法程序主要分为三个阶段。议案需经过议会三读批准与女王代表的认同及签名后方可成为法律。库克群岛对议案的辩论有着严格的限制，在一读和三读程序中没有辩论。在二读过程中，议案可能被送交议会特别委员会或最高酋长院审阅。议案经过议会一读程序之后，议会特别委员会或最高酋长院成员将针对议案进行详细协商，在讨论议案时有时会举行公听会对外公开征询意见。对议案的审理结束之后，该议案附带修改意见则被送回议会进行二读，所有的议会议员都可以对议案的某项条款进行辩论，并且会对该议案是否需做出修正进行表决。议案表决通过之后，将被送交库克群岛女王代表签署，经签署后该议案才具有法律效力，成为议会所通过的库克群岛正式法律。

二 最高酋长院与库图努伊

（一）最高酋长院（House of Ariki）

最高酋长院是库克群岛议会的咨询机构，没有立法权。根据库克群岛 1965 年宪法第 8 条，库克群岛在 1966 年设最高酋长院这一带有浓厚传统色彩的机构。之后通过的《1966 年库克群岛最高酋长院法案》及相关修正案均对宪法的规定进行了补充。库克群岛最高酋长院的职能是对本国议会提交的有关库克群岛人民福利的相关提案进行审查，并对此提出建议。尤其是在土地使用与库克群岛传统习俗方面向议会与政府提出自己的建议，以供咨询。

最高酋长院最初由代表库克群岛各岛的 15 名最高酋长组成，自 2002 年起，最高酋长院的成员从 15 名增加到 24 名。最高酋长院成员由库克群岛每个岛屿对各自的代表进行提名，然后从拥有最高酋长头衔的家族中推举产生。不同的岛屿和部落推举的程序不尽相同。目前最高酋长院成员大致分布如下：4 名来自艾图塔基岛及马努瓦埃环礁；3 名来自阿蒂乌岛；1 名来自芒艾亚岛；1 名来自马尼希基环礁；3 名来自毛凯岛；3 名来自米蒂亚罗岛；1 名来自彭林环礁；1 名来自普卡普卡环礁与纳索岛；1 名来自拉卡杭阿环礁；6 名来自拉罗汤加岛。现任最高酋长院院长是来

自米蒂亚罗岛的托乌·特拉维尔·阿里基（Tou Travel Ariki）。

　　库克群岛最高酋长院一般至少每 12 个月召开一次全体会议。最高酋长院没有立法权，主要职责是就影响库克群岛的风俗或者传统等问题向库克群岛议会提出建议。但最高酋长院也一度想扩大自己的权力。2008 年 6 月 13 日，库克群岛最高酋长院以微弱多数通过一项声明，声称要解散选出的政府，罢免女王代表、总理、副总理以及各部部长，由最高酋长院掌控国家权力。2008 年 6 月 23 日，库克群岛最高酋长院放弃声明，局势得到缓和。

　　（二）库图努伊（Koutu Nui）

　　库图努伊的性质和功能与库克群岛最高酋长院类似。库图努伊成立于 1972 年，由库克群岛职位较低的传统酋长组成。1972 年，依据《1966 年库克群岛最高酋长院法案》修正案，国家成立由传统酋长组成的组织——库图努伊。库图努伊主要就与库克群岛风俗及传统相关的事务开展讨论，而且可以提出建议或者做出决议。所提出的建议或决议都可由库图努伊通过议会办事人员转交给库克群岛最高酋长院，或者通过总理转交给库克群岛政府。出席库图努伊会议的每一位酋长均有权投票。库克群岛的酋长均被视为库图努伊成员，不过很多酋长并不一定出席会议。

　　三　司法机构

　　库克群岛司法权独立于行政权和立法权。其司法机构包括高等法院、上诉法院、伦敦枢密院。高等法院设有刑事庭、民事庭和土地庭，此外还设立了儿童法庭，专门审理儿童犯罪案件。

　　（一）高等法院

　　高等法院是库克群岛大多数人与国家司法系统产生直接联系的

地方。库克群岛的高等法院对所有的刑事案件、民事案件和涉及土地问题的案件进行初步审理。高等法院主要设刑事庭、民事庭、土地庭和儿童法庭。组成人员主要包括法官和治安官。

如果高等法院只委任了一名法官，那么他实际上就是首席法官。如果有多名法官获得任命，那么其中一人应被任命为库克群岛首席法官。库克群岛首席法官由女王代表根据行政委员会的建议来任命。库克群岛高等法院现任首席法官是托马斯·韦斯顿（Thomas Weston），2010 年 5 月 13 日就职。高等法院的法官可以行使高等法院任何法庭的审判权。库克群岛高等法院法官的任职资格为：须为或曾经担任新西兰或其他英联邦国家的高等法院或最高法院的法官，或者在新西兰或其他英联邦国家担任过律师不少于 7 年。高等法院的法官，可以在任何时间在库克群岛的任何地方，行使高等法院的权力。法官的任期为 3 年，任满后可以重新获得委任。任何年满 70 岁的人，不得被任命为首席法官或高等法院法官，首席法官或高等法院的其他法官可以以书面形式向女王代表提出辞职。

依据宪法第 62 条，治安官是由非专业人员担任的法庭审判员，其主要职能是处理轻微犯罪案件和承担一些特殊的行政责任（如主持婚礼）。按照 1986 年以前的规定，治安官不应超过 72 岁，现在治安官的任命采用终身制。只有在首席法官的建议下，女王代表才可解除治安官的职务。被任命为治安官者不得再担任其他公职，治安官需要有教育学资历、在社区拥有良好的口碑，且没有诸如酋长类的各种传统头衔。治安官一般由议员提名，司法部长先对提名进行审议，然后把名单推荐给内阁，然后再推荐到行政委员会，最后由女王代表颁发治安官任命书。

除了法官和治安官之外，高等法院还包括司法常务官、副司法常务官及行政管理人员。

（二）上诉法院

上诉法院主要受理不服高等法院判决的各类上诉案件。上诉法院由3名法官（其中1名必须是新西兰上诉法院或高等法院的法官）组成。上诉案件呈递到上诉法院后，由委员会投票来决定是否需要开庭审理。上诉法院一般在新西兰开庭。

（三）伦敦枢密院

不服上诉法院的裁决可上诉至伦敦枢密院，终审权掌握在伦敦的王室咨询机构枢密院司法委员会手中。枢密院历史悠久，专门受理王家属地、英国海外领地、英联邦成员国家的终审案件。在殖民统治时代，伦敦枢密院司法委员会是殖民地最高法院，其决定对英国殖民地所有的法院都具有约束力。

第五节　政党、社会团体与武装力量

一　政党

库克群岛实行多党制，建国后，国内的政坛上一直是两大党派库克群岛党（Cook Islands Party）与民主党（Democratic Party）相互角逐，尽管库克群岛历史上也曾出现过其他政党，如库克群岛劳工党（1965年）、联盟党（1992～2002年）、新联盟党（1997～2002年）、库克群岛第一党（2004～2006年）、图穆党（2010年）等，但规模较小，且存在时间不长久。

库克群岛出现政党的历史较短，目前政党处于发展的初级阶段，并不完善。党派多呈现规模小、组织差、变化快的特点。不少政党的组建或活动的目的主要在于参加选举。具体功能是招募候选人进行选举及争取支持组建联合政府，选举过后一些政党则解散或消失。从 1965 年获得完全自治至今，只有库克群岛党与民主党两大党派发展较为稳定。

目前的主要政党有以下几个。

库克群岛党 成立于 1964 年 6 月 15 日，是库克群岛有史以来的第一个政党。创立者为库克群岛首任总理阿尔伯特·亨利。目前该党为库克群岛议会第一大党。该党领袖亨利·普那赢得 2014 年总理大选，获得连任。

民主党 1971 年成立，创立者为库克群岛前总理汤姆·戴维斯（Tom Davis）。目前是库克群岛第一大反对党。该党在 2014 年议会选举中获得 8 个席位。2015 年 4 月，威廉·希瑟接替威尔基·拉斯姆森成为该党新领袖。

一个库克群岛运动党（**One Cook Islands Movement**） 成立于 2014 年 5 月，目前为反对党之一。该党创立者泰纳·毕晓普（Teina Bishop）曾在普那内阁中担任教育、海洋资源、国家人力资源发展等部部长，于 2014 年辞去部长职务并组建一个库克群岛运动党角逐 2014 年大选。2014 年大选后，该党在库克群岛议会中占据 2 个席位。

二　社 会 团 体

2011 年，根据司法部的统计，库克群岛有 141 个非政府组织①，

---

① Punanga Tauturu Inc., *Cook Islands NGO Parallel Report：Convention on the Rights of the Child*, 29th September 2011, p. 22.

在社会发展中起着不可替代的作用。如库克群岛地方社区的妇女、儿童、残疾人、青年人等群体，仅依靠政府提供的服务远远不够，另外，诸如对妇女和儿童的心理健康服务、生殖健康和护理教育等领域，政府提供的服务也不能完全到位。一些非政府组织有时与政府部门签订谅解备忘录，或联手制定协作计划。政府部门或一些开发机构也为非政府组织的项目和服务提供资金或技术援助。目前，尤其是在健康、教育、环境保护、妇女儿童保护领域，库克群岛非政府组织做了大量工作。其中，库克群岛民间社会团体（The Cook Islands Civil Society Organisations，CICSO）是库克群岛最为知名的非政府组织之一。该组织的前身为库克群岛非政府组织协会，成立于1994年，2012年改称库克群岛民间社会团体。该组织共有60余个附属组织，多数为妇女组织。该组织旨在鼓励与帮助其成员的发展，致力于库克群岛非政府组织的能力建设，并加强机构工作。该组织还为非政府组织、政府和捐助机构之间提供了有效的交流渠道。自成立以来，该协会会长一直由女性担任。2002年，库克群岛非政府组织协会的会员超过了2000人，其中75%为女性，库克群岛非政府组织协会也参加了太平洋岛国非政府组织协会。

在妇女组织当中，库克群岛妇女联合会规模较大，于1997年6月25日成立，目前库克群岛妇女联合会共下设5个部门，即警察部、公共服务联合会、卫生工作者部、教师研究所、普通劳动者部。该联合会隶属于诸多国际机构，如公共服务国际、国际自由工会联合会、亚太地区贸易组织等。库克群岛妇女联合会的大部分活动的资金都由其国际成员机构提供，其中新西兰公共服务协会以新西兰政府善政基金的名义对其提供支持。库克群岛国家妇女委员会是另一个重要的非政府组织。该委员会的主要目标是协助和支持《国家妇女政策》的实施。

三　武装力量

库克群岛 1965 年宪法规定，库克群岛获得完全自治，但库克群岛的国防与外交事务由新西兰负责。新西兰在履行这一职责时，必须经由新西兰总理与库克群岛总理协商，在征得库克群岛同意后方可实施。

库克群岛不设军队，全国仅有 110 名警察，且不配发枪支。目前隶属于库克群岛警察服务部的国家警察局主要负责维护国内治安。海洋执法事务则具体由国家警察局所下设的海事处负责。根据库克群岛与新西兰及澳大利亚签署的安全合作协定，新西兰和澳大利亚向库克群岛提供相应的军事设备、小武器使用及人员培训。目前库克群岛进行海洋巡视的主要船只是 1989 年澳大利亚向库克群岛海事警察捐助的一艘名为"特库库帕号"（Te Kukupa）的巡逻船。借助巡逻船，库克群岛海警监视其广袤海域、保护渔业资源及进行海难搜救等。2015 年 4 月澳大利亚对此巡逻船进行了修葺。

长期以来，库克群岛因国力弱小，没有足够的实力和能力提供持续且有效的措施确保本国的安全和稳定，在军事上基本依赖于新西兰与澳大利亚，注重与新西兰和澳大利亚的安全合作。20 世纪 80 年代库克群岛与澳大利亚签署《太平洋巡逻船计划》，澳大利亚依据此计划向库克群岛提供巡逻船。2006 年，澳大利亚与库克群岛签署防务合作计划，澳大利亚为库克群岛培训海洋巡逻人员。新西兰则与库克群岛签署《相互援助计划》 （Mutual

Assistance Programme，MAP），新西兰国防军支援协防库克群岛海洋专属区，并与澳大利亚军方合作，根据《太平洋巡逻船计划》为库克群岛海洋巡逻提供武器、顾问并协助操作。现任军事顾问来自新西兰，2012 年 1 月被派驻库克群岛，是一名皇家海军军士长。

第四章

经 济

第一节 经济概况

自 20 世纪 90 年代中期以来，库克群岛的经济发展稳定，形成了以旅游业、渔业、种植业（热带水果）、黑珍珠养殖业以及离岸金融业为主的经济结构。目前，库克群岛是太平洋岛国中经济发展水平最高的国家之一。

殖民地时期的相当长时间内，库克群岛主要发展以种植业、渔业等为主的自给自足经济，经济落后。二战后，新西兰政府致力于提高卫生、教育等社会服务水平，吸引了库克群岛人移居新西兰。劳动力的减少致使库克群岛经济发展缓慢，库克群岛经济一度成了典型的 MIRAB 模式（指以移民、汇款、援助、官僚主义为特征的经济发展模式）。尽管随着 20 世纪 70 年代拉罗汤加国际机场的落成，库克群岛旅游业逐渐兴起，但库克群岛大部分外岛地区，仍以传统的种植业、渔业为主。

20 世纪 90 年代中期，库克群岛经济遭遇了严重挫折。1995 ~ 1996 年，库克群岛公务员队伍庞大，加上投资过多，外债负担远超本国承受能力，导致严重经济危机，经济濒临崩溃。经过一场大

刀阔斧的综合性改革，到 1997 年 3 月，库克群岛公职人员由改革前的 3168 人减少到 1499 人，共减少了 52.7%。私有经济得到较快发展，1999 年库克群岛经济开始复苏。

近年来，旅游业成为库克群岛经济发展的支柱性产业，珍珠养殖业也发展较快。2015 年，库克群岛 GDP 为 4.18 亿新西兰元，其中农业、工业、服务业所占重分别为 8.1%、8.9%、83%。GDP 增长率为 4.8%，其中农业、工业、服务业增长率分别为 -2.8%、34.2%、2.0%。人均 GDP 为 22252 新西兰元，居太平洋岛国首位。

据亚洲开发银行统计，得益于公共投资与旅游业的强劲拉动，以及国际油价走低的影响，库克群岛在 2015/2016 财年（2015 年 7 月 1 日~2016 年 6 月 30 日）GDP 增长率达到了 5.5%。2015/2016 财年，库克群岛旅游入境人数同比增长 11.0%，受旅游业影响，零售业增长 9.8%；宾馆餐饮业涨幅为 14.2%；交通与通信行业增长了 13.45%。2015/2016 财年，库克群岛物价平均降低了 0.1%，通货膨胀率下降了 3.0%。旅游业方面的巨大顺差弥补了商品贸易与投资收益方面长期以来的逆差，同时实现了整个国际收支经常项目顺差。另外，2015/2016 财年的经常项目盈余约相当于 GDP 的 20.3%，高于 2014/2015 财年的 18.8%。

2015/2016 财年，库克群岛的财政盈余相当于 GDP 的 3.7%，扭转了上一财年出现小额赤字的局面，这也得益于其征收了较高的收入税及增值税，包括征集了一次性预提税，同时由于该财年没有新的项目开工，因而资本支出比上一财年减少 43.7%。目前，库克群岛外债风险较低。虽然在 2009/2010 财年，库克群岛的政府债务仅占 GDP 的 9.7%，2015/2016 财年上升至全国 GDP 的 26.2%，不过距离政府划定的上限 35.0% 还有相当大的距离，而且库克群岛政府每年保持有债务偿付储备金，约占 GDP 的 4.6%。

据亚洲开发银行预测，库克群岛的经济在 2016/2017 财年和 2017/2018 财年将放缓至 5%。主要制约因素是旅游接待能力不足，尤其是在节假日等旅游旺季，而且扩大旅游接待容量的前景也不太乐观，因为库克群岛特有的土地所有权及租赁规定增加了扩容的难度。另外，由于国际石油价格走高，库克群岛的通货膨胀率预计在 2016/2017 财年上升至 0.5%，在 2017/2018 财年上升到 1.2%，未来几年库克群岛的财政赤字将会有所增加。2016/2017 财年，随着政府计划中的供水工程、道路及可更新能源项目的开工，政府的财政赤字将涨至相当于 GDP 的 3.9%。2017/2018 财年，财政赤字将下降至相当于 GDP 的 3.1%，主要是由于政府基本建设费用下降以及税收增加。不过，由于库克群岛经济增长势头强劲，其政府债务在 2016/2017 财年预计会降至占 GDP 的 24.8%，2017/2018 财年将进一步降至占 GDP 的 22.0%。2016/2017 财年，库克群岛的经常账户盈余预计会达到 GDP 的 24.5%，2017/2018 财年会达到 GDP 的 21.0%。旅游业收入将在很大程度上弥补来自持续增加的公共投资项目方面的商品和服务进口额。

第二节　农　业

一　种植业

库克群岛《2016~2020 年国家可持续发展计划》中对农业的发展做了规划。计划中所列的第 10 个目标为"实现粮食安全，提

高国民营养，发展可持续性农业"。规划认为，库克群岛的农业面临着严峻的处境。一方面受全球气候变化的影响，如干旱和荒漠化增加将导致全球食品价格在未来有可能继续上扬。而库克群岛目前严重依赖进口食品，亟须增加粮食生产。另一方面，在库克群岛旅游业收入和消费增加的同时，农业持续下滑。尤其是在拉罗汤加岛，因为土地一旦转化为开发非农业生产的住宅或发展商业，本来就缺乏耕地的库克群岛处境更为严峻。因此需要确保有可用的土地增加粮食生产和提高粮食安全。规划认为，农业最直接的潜力在于进口替代。库克群岛未来应该大力保护耕地，生产更多的粮食，发展种植业，提高食品安全。

库克群岛国土狭小、劳动力缺乏，经济严重依赖外援。殖民地时期，库克群岛的经济以种植业和渔业为主。因为各岛屿面积小、过于分散，交通不便，经济发展比较缓慢。传教士、殖民政府及地方政府经常要求助于外部援助。最初欧洲殖民者引进了柑橘等水果和其他蔬菜。20 世纪 20 年代，柑橘产量飙升，成为库克群岛的主要作物之一，不过由于树木老化、管理失当、新出现的病虫害，加以受困于传统的土地所有制、低效的运输、价格下跌等因素，到20 世纪 30 年代，柑橘产量锐减。在 20 世纪 30 年代全球经济衰退期，库克群岛的香蕉、椰干产量同样下跌严重，库克群岛农民赴新西兰议会请愿，促使了 1937 年《水果控制方案》及 1945 年《柑橘种植方案》（修订版）的出台。

根据库克群岛法律，全国土地大部分归传统的家族所有，不得出卖、转让或抵押。北库克群岛多为珊瑚岛，土壤多孔而贫瘠，只能种植露兜树和椰子树，腐殖质丰富的地方则可以种植芋头。南库克群岛多为肥沃的火山土，特别适宜于发展种植业，拉罗汤加岛和艾图塔基岛都有大片的耕地，拉罗汤加岛的湿地位于沿海山麓背面的山脚之下。阿蒂乌岛、米蒂亚罗岛、毛凯岛的土地是一种高度风化的黏质土壤，土壤层厚，尤其利于芋头的种植。但在阿蒂乌岛和芒艾亚岛地势陡峭的高地，土壤遭受较为严重的侵蚀。南部土地肥沃的岛屿，尤以水果种植为主，库克群岛因此有"南太平洋的果园"之称。盛产椰子、香蕉、柑橘、菠萝、芒果、油梨等水果以及各种蔬菜，粮食作物有芋头、木薯等。家畜家禽饲养以猪、羊、鸡为主；毛凯岛与拉罗汤加岛岛民也饲养牛。

主要出口的农产品是椰干、艾图塔基岛出产的香蕉、芒艾亚岛和阿蒂乌岛出产的菠萝、毛凯岛和拉罗汤加岛出产的蔬菜和块根作物，以及拉罗汤加岛出产的柑橘、木瓜等水果。多出口新西兰，在出口市场上也面临南美洲国家的激烈竞争。近年来，库克群岛种植业面临劳动力匮乏的困境。据 2011 年人口普查报告，15 岁以上从事种植业和渔业的库克群岛熟练劳动力仅 183 人。[1]

二　渔业

库克群岛陆地面积狭小，海岸线短，因此其近海渔业资源比较有限。不过其海洋专属区面积广袤，在太平洋诸岛国中位居第四。总体上看，库克群岛海洋资源十分丰富，据统计，库克群岛海域有200 余种海藻类植物，约 600 种鱼类，约 200 种甲壳类动物，70 多种棘皮动物，120 多种珊瑚。库克群岛海域的主要鱼类是长鳍金枪鱼、黄鳍金枪鱼和大目金枪鱼，其中长鳍金枪鱼最多，占捕获鱼类

---

[1]　http：//www.mfem.gov.ck/docs/Stats/2012/Census/2011% 20Cook% 20Islands% 20Population% 20Census% 20Report.pdf.

的 70% 以上。库克群岛的水产业可以分为 6 类，即沿海商业捕捞、沿海自给性捕捞、本地近海捕鱼作业、外国近海捕鱼作业、淡水鱼捕捞作业、水产养殖（鱼类、珍珠及巨蛤类）。库克群岛缺乏淡水水体，水产业以海洋捕捞和海水养殖活动为主。近年来，珍珠养殖的增加与以出口为主的金枪鱼延绳钓渔业和观赏鱼渔业的发展使库克群岛渔业出口大增。

（一）海洋渔业

库克群岛的海洋渔业包括生计捕捞，手工捕捉各种近海岸的岩礁和潟湖鱼类、软体动物类，小型金枪鱼延绳钓渔业以及捕捉观赏鱼。在北库克群岛以及南库克群岛的小型岛屿上，岛民为了维持生计，乘坐小型、舷外挂机的小船与独木舟在潟湖与珊瑚岩礁外缘的海域进行捕鱼活动。库克群岛岛民捕鱼的方法多种多样，底层手钓、枪刺、刺网、抄网捕捉飞鱼和在岩礁捕获软体动物是司空见惯的活动。在南库克群岛，除了生计捕捞，手工以及小规模的商业捕捞也很常见，尤其是在拉罗汤加岛与艾图塔基岛，城市居民的增加和旅游业的兴起增大了人们对生鲜鱼类和其他海产品的需求。2011年人口普查报告数据显示，捕鱼是库克群岛人乐于参加的活动。2011 年全国有 42.4% 的家庭曾参与过各式捕鱼活动，总计 1854户。这其中有 1648 户属于维持生计式捕鱼，其中 852 户来自拉罗汤加岛，约占 51.7%，34% 的家庭来自南库克群岛，剩下的14.3% 来自北库克群岛。有 36 户既参与维持生计式捕鱼也参与商业捕捞，其中来自拉罗汤加岛的占 75%，其余的 25% 来自艾图塔基岛。其余 170 户只参与商业捕捞，其中 53.5% 来自南库克群岛，42.4% 来自拉罗汤加岛，4.1% 来自北库克群岛。据 2011 年的调查，库克群岛民间共有 2855 根钓鱼竿、1597 张渔网、1367 根鱼叉、593 艘渔船、320 只捕鱼独木舟。

自 20 世纪 80 年代以来，库克群岛实施集鱼装置（FADs）项目，改进渔具和捕捞技术，使得捕获的金枪鱼和其他中上等级鱼类满足了拉罗汤加岛市场的需求。拉罗汤加岛近海以集鱼装置为基础的捕捞活动由一个拥有约 70 条小船的船队实施，这些小船大部分为 4.5 ~ 6 米长的木制船，舷外挂机。这些渔船非全日制作业，通常利用各种捕捞方法进行捕捞，包括抄网捕捞飞鱼、曳绳钓、垂直延绳钓的中层捕捞。飞鱼捕捞是最重要的渔业捕捞方式之一，其每年的渔获量约为 60 吨。

库克群岛是与区域渔业管理有关的一些条约和协定的成员国，包括：某些太平洋岛国政府和美国政府之间的渔业条约；禁止使用大型流网在南太平洋捕鱼公约；以及在南太平洋区域渔业监督和执法合作的纽埃条约。它也是《联合国海洋法公约》（UNCLOS）和《执行 1982 年 12 月 10 日〈联合国海洋法公约〉关于养护与管理跨界鱼类种群、高度洄游鱼类种群的规定之协定》的缔约国。库克群岛在 20 世纪 90 年代一度终止了允许外国金枪鱼延绳钓船队进入其捕鱼区域的渔业协定。库克群岛是允许美国金枪鱼围网船进入其捕鱼区域的多边条约的缔约国，但美国渔船很少出现在库克群岛水域捕鱼。2011 年，库克群岛与中国签订了为期 3 年的渔业合作协定。库克群岛和欧盟也签署了双边渔业协定。

库克群岛政府曾试图促进当地金枪鱼延绳钓渔业的发展，主要通过进行延绳钓考察评估渔获量和渔获量比例。库克群岛金枪鱼延绳钓渔业真正发展始于 20 世纪 90 年代中期，当时少量的新西兰渔船作为库克群岛的合作伙伴在库克群岛水域开始作业。库克群岛把向美国、新西兰和日本出口生鲜金枪鱼与冷冻金枪鱼作

为目标。1995 年渔获量为 127 吨，其中 80% 用于出口。1996 年，可能由于渔船、供给设施落后和捕捞策略不当，总渔获量下降到 67 吨。

目前在库克群岛海域，获得库克群岛政府颁发的捕鱼权证书的远洋捕捞船有 66 艘（未含库克群岛与美国条约下许可的船只），其中 28 艘远洋捕捞船是外国船只（含 3 艘中国远洋捕捞船）。此海域另有库克群岛政府的 3 艘燃料补给加油船。

海洋生物一直是库克群岛人食物的重要组成部分。据 FAO 统计，1995～1997 年库克群岛年渔业产量为 1035 吨，其中非食用的为 187 吨，进口 300 吨，出口 119 吨，供应量为 1029 吨，人均海产品的供应量为 54.1 千克，远高于世界人均供应量的 15.7 千克。

库克群岛外部岛屿生计捕捞普遍，渔获量经常超过需求量，为了防止过多的浪费，简单的保存技术，诸如盐渍和干制被普遍采用。在拉罗汤加岛和艾图塔基岛，现金经济得到发展，游客集中，海产品的需求量往往大于供应量。面向消费者和饭店的鱼价大约为 4.50 美元/千克。

由当地金枪鱼延绳钓船捕获的高质量的金枪鱼出口到夏威夷、美国本土和新西兰市场，较低质量的渔获物在当地市场出售，过去被允许在库克群岛捕鱼的韩国和中国延绳钓船一般把其渔获物卸在帕果帕果罐头场或者以冷冻品转船交付其他港口，很少在库克群岛港口进行转船。其他海产品出口，包括观赏鱼和无脊椎动物，以及珍珠和以珍珠为主的珠宝主要出口到美国市场。少量的海产品，大部分是来自环礁和潟湖的海产品也主要用于出口。1985 年，鱼类进口额和出口额分别为 34 万美元和 11 万美元，1997 年分别为 33.7 万美元和 197.2 万美元，进口额虽然没有增加，但出口额增长了近 17 倍。这主要是由于珍珠养殖的增加，以及以出口为主的金枪鱼延绳钓渔业和观赏鱼渔业的发展。

（二）水产养殖业

库克群岛水产养殖业大致起步于 20 世纪 70 年代初。早在 20 世纪 50 年代初期，库克群岛曾响应南太平洋委员会的倡议，引进过莫桑比克罗非鱼，不过不是为了水产养殖，而是出于保护生态及建立生物防治机制的需要，目的是消灭蚊子幼虫，结果莫桑比克罗非鱼后来遍布全国，人们以其作为猪饲料及供家庭食用。20 世纪 70 年代初，库克群岛遵照夏威夷海洋研究所的建议，曾引进包括鲻鱼、牡蛎、对虾、竹荚鱼在内的整体水产养殖系统，但未获成功。1974 年艾图塔基岛曾成功孵化绿海龟蛋，但因为年幼的海龟很难保持健康和对其供应充足的饲料，该项目被终止。就全球范围来看，水产养殖的首选品种是尼罗河罗非鱼，2007 年拉罗汤加岛引入尼罗河罗非鱼进行水产养殖试验获得成功，尼罗河罗非鱼目前在拉罗汤加岛仍然是很有养殖潜力的一种食用鱼。自 20 世纪 90 年代初以来，库克群岛一直在进行巨蛤养殖。目前在库克群岛共有 5 种获得成功饲养，但是洗涤和清洁工作比较烦琐，属于劳动密集型的工作。

黑珍珠养殖已经成为库克群岛主要的经济来源之一。早在 1973 年马尼希基环礁就开始进行养殖试验。1986 年第一批黑唇珍珠贝养殖场在马尼希基环礁建成，在 20 世纪 90 年代早期，彭林环礁建成该岛第一个珍珠养殖场。在 20 世纪末期，拉卡杭阿环礁也开始了黑唇珍珠贝养殖。黑唇珍珠贝养殖逐渐成为库克群岛最大的水产养殖业。之后，珍珠养殖场的数量激增。2000 年，库克群岛全国有 81 个黑唇珍珠贝养殖场，共有 200 万枚左右黑唇珍珠贝，年珍珠产值 1800 万美元，占全国出口产值的 90% 以上，占国内生产总值的 20%。其中 95% 的珍珠来自马尼希基环礁，其余的来自彭林环礁和拉卡杭阿环礁。世界上 90% 的黑珍珠来自法属波利尼西亚，库克群岛和其他太平洋岛国生产的黑珍珠约占 10%。

1992 年，拉罗汤加岛从塔希提岛引进一种名叫罗氏沼虾的淡水虾，人工养殖试验获得成功，但成本较高。

（三）渔业培训与研究

在库克群岛，海洋资源部进行渔业和水产养殖研究工作，主要进行以下三个方面的研究。

1. 监测研究

主要对库克群岛渔业现状进行评估。目前主要是在常规基础上对库克群岛近海金枪鱼渔业和人工集鱼装置捕鱼进行监测。

2. 调查与资源评估

对特有资源进行快照拍摄或形成现状报告，马蹄螺与异齿鹦鲷就是此项调查的重点。

3. 以开发为目标的研究

目标在于对具有商业捕捞或水产养殖潜力的新渔场或技术进行鉴定。研究活动包括海龟养殖、饵钓、延绳钓金枪鱼捕捞和各种中层捕捞技术，以及珍珠养殖、大砗磲养殖方面的研究和马蹄螺的孵化生产。

目前，库克群岛主要进行的研究是对珍珠养殖业的支持。彭林环礁建立的珍珠养殖研究中心的目的是促进彭林环礁和北部其他岛礁的珍珠养殖业的发展。艾图塔基岛的第二水产养殖研究所进行大砗磲和马蹄螺的研究工作。

　　库克群岛并无能够进行正规的有关渔业培训的单位。比较正式的培训通常要到斐济、中国、新西兰、澳大利亚或其他地方的机构进行，主要借助各种双边与多边援助项目完成培训。如 2016 年 7 月，中国农业部在山东省烟台市举办太平洋岛国农渔业政府官员培训班，来自包括库克群岛在内的太平洋岛国农渔业政府官员一行 13 人在山东省海洋资源与环境研究院进行了考察与培训。2016 年 10 月 13～22 日，库克群岛农渔业代表团一行 9 人赴广东珠海接受农渔业培训，团员包括库克群岛海洋资源部近海和水产养殖厅厅长科里·拉乌麦阿等，珠海市有关部门为库克群岛农渔业代表团安排了针对海产品养殖加工、农作物种植方面的技术培训和交流，目的是对库克群岛海产品养殖、蔬果种植及病虫害防治给予支持，以提升库克群岛的种植业、渔业发展水平。

　　三　林业

　　库克群岛的森林总覆盖率达到 68%，境内有热带天然雨林、石灰岩森林、沿海及环礁的森林，还有一些松树种植园。其中，天然森林覆盖率为 63%，另外 5% 为人工造林，种植的多为加勒比松。主岛拉罗汤加岛拥有典型的原始山地雨林和云雾雨林，而且拥有一些特有的物种。据统计，库克群岛约有 540 种植物，其中大约 180 种为其所特有。另外，一些种植园的树木早已成材，已经获得一定的经济效益。如芒艾亚岛的松树林，自 2007 年后有 92000 根木材成材。另外，拉罗汤加岛上的塔基图穆森林保护区以其丰富的植物物种和稀有鸟类吸引了大批游客前来参观。库克群岛传统的木雕工艺品深受游客喜爱。目前对库克群岛森林构成威胁的主要是物种入侵和火灾。

库克群岛绝大部分森林归私人所有，只有拉罗汤加岛的森林大部分归国家所有。库克群岛政府没有专门的林业部门，也没有明确的林业政策。林业主要划归农业部管辖，不过目前农业部的作用没有得到充分发挥，仅限于提供建议和信息、管理森林和保护森林资源等方面。

第三节　工业

一　能源产业

（一）传统能源

2011 年库克群岛人口普查资料显示，99% 的电能来自柴油发电，发电机总装机容量为 11.75 兆瓦。库克群岛每一个有常住居民的岛上都有电力输送。库克群岛没有石油资源，主要是用外汇从海外购买用于发电的燃料，然后经由新西兰奥克兰市转运到库克群岛本土。拉罗汤加岛每天 24 小时供电，外岛则一般每晚 11 点至翌日早晨 6 点停电。

（二）可再生能源

库克群岛主要的可再生能源大致包括以下几种。

1. 生物量

生物量主要是指来源于太阳能的动植物体所带来的有机物资源，其中包括作为能量资源的家畜排泄物、甘蔗渣和稻壳等农作物能源以及城市垃圾、森林树木等林业生物量等。库克群岛拥有 68% 的森林覆盖率，发展生物量发电的潜力很大。与其他的可再生能源相比，生物量具有独特的优点。由于是碳体系，因而除了电、热之外，还可以同时制造甲烷、二甲基醚、甲醇、乙醇、汽油等。不过，库克群岛对这一方面的开发很少。

2. 太阳能

库克群岛太阳能资源丰富，尤其是北方岛礁。统计数据显示，库克群岛光照日发电量约每平方米 5.5 千瓦。库克群岛政府一直谋求利用太阳能或其他可再生能源发电。新西兰国际开发署专门拨出资金，援助库克群岛开发太阳能，发展可再生能源，实现能效升级。库克群岛的发展伙伴包括日本、新西兰、澳大利亚、联合国开发计划署和南太平洋区域环境规划署。库克群岛最大的独立光伏项目位于普卡普卡环礁，是 1992 年由法国援建的，其光伏发电系统装机容量总计 46 千瓦，可供 160 户家庭使用。中国以及其他一些地区组织对库克群岛发展太阳能伸出了援助之手。2014 年，库克群岛拉罗汤加机场电站项目启动，这也是库克群岛首个机场太阳能电站项目，装机容量为 1 兆瓦，建成后每年能够减少 40 万升柴油消耗，中国晶澳太阳能公司为该项目提供了带有镀膜玻璃及优良动态机械载荷能力的高品质太阳能组件。

3. 风能

早在 20 世纪 70 年代，库克群岛就积极地发展风能。1975 年，政府在彭林环礁安装了一台风力发电机，但受到盐度、湿度和热带气旋的影响，受损严重。与此同时，政府在拉罗汤加岛和其他地方也安装了风力发电机。到 20 世纪 90 年代，太平洋共同体秘书处、联合国等加大了对库克群岛风力发电的扶持力度。2001 年底，联合国小组提出了在拉罗汤加岛建造 1.8 兆瓦风力发电场工程。德国提出和库克群岛合作建造 3.75 兆瓦风力发电场计划。

另外，库克群岛的海洋能、波浪能等也具有一定的开发潜力。

1997 年，南太平洋应用地球科学委员会在库克群岛开展了一个波浪能资源评估项目，结果显示库克群岛具有丰富的波浪能，不过开发波浪能目前仅处于试验阶段。

二　采矿业

（一）深海矿产

库克群岛富含海底矿藏，其海洋专属区海底蕴藏约 270 亿吨锰结核和钴结核，其价值约合 2770 亿美元。2009 年，库克群岛议会通过了《海底矿产法》（Seabed Minerals Act 2009）；2010 年 7 月 23 日库克群岛政府宣布成立海底采矿专责小组；2013 年库克群岛投资公司（CIIC）向国际海底管理局（ISA）递交多金属结核矿区勘探许可申请；2014 年 7 月 21 日，国际海底管理局理事会核准申请。库克群岛海底矿产资源管理局行政长官保罗·林奇宣称，库克群岛的海底矿产预计能开采 1000 年。

（二）砂石开采

除了深海矿产，库克群岛还拥有较为丰富的砂石资源，如拉罗汤加岛的玄武岩，艾图塔基岛和芒艾亚岛的石灰岩。在近代，西方传教士到来后，引导岛民开采岩礁烧制石灰，并以此来建造房屋。当时，教堂及教会重要人物的房子均采用石灰和珊瑚礁建造。从传教士到来直至 20 世纪 90 年代中期，库克群岛岛民都是在海滩采石。20 世纪 50 年代，现代化机械设备的引入使采石成为海滩区域的一项特色产业。库克群岛发展基础设施建设的政策使采石业日益兴旺，为库克群岛公路修建和楼房建造提供了丰富的原材料。开采珊瑚材料在北部诸岛仍然盛行。现在在拉罗汤加岛，政府规定不得在前海地区采石。

三 加工业

库克群岛工业基础薄弱，以水果加工、服装制造以及旅游纪念钱币、邮票、贝壳以及手工艺品制作为主。加工业多集中在拉罗汤加岛。库克群岛每年都发行大量的纪念币，有铜镍合金币、金币、银币、铂金币等不同材质的纪念币，而且题材丰富多样，发行较多的是有关英国王室及女王、野兰动物保护、库克船长、奥运会、哥伦布发现新大陆等主题的纪念币。纪念币深受国外游客喜欢，为世界许多收藏家和爱好者所收藏。以海螺、贝壳等为原料制作的工艺品也是库克群岛特色产品之一。

第四节　旅游业

库克群岛旅游业的发展可追溯至 1885 年。1885 年，新西兰奥克兰的一个商会代表团在对南太平洋区域进行商业考察的途中，曾在拉罗汤加岛逗留，之后该商会提交了一份关于拉罗汤加岛商机的报告，其中包括建议将此地开发为疗养和旅游目的地。1906 年，一个总共有 6 间客房的拉罗汤加旅馆建成。但此后相当长一段时期内，库克群岛旅游业发展缓慢，为数不多的游客多来自新西兰与美国，主要是乘坐新西兰联合轮船公司与美国马特森航运公司的船只抵达库克群岛。1951 年，新西兰唯一的海外航空公司塔斯曼帝国航空公司（Tasman Empire Airways Ltd.，TEA，新西兰航空公司的前身）在奥克兰和塔希提首府帕皮提之间用水上飞机经营一条名为"珊瑚航线"（Coral Route）的旅游线路，每两周飞行一次，库克群岛的艾图塔基岛位于这一航线

上，但飞机在该岛一般仅停留 2 小时以补充燃料，起飞之前游客一般到艾图塔基岛潟湖游泳、游览。这一航线于 1960 年 9 月 15 日停止。

1968 年，应库克群岛政府及库克群岛旅游发展委员会的请求，新西兰旅游和宣传部与新西兰航空公司拟定了一份有关开发库克群岛旅游业的报告，该报告为库克群岛旅游业的发展规划奠定了基础。同年，库克群岛通过《旅游局法案》（Tourist Authority Act），并随后成立了库克群岛旅游局，负责宣传推广、审批及调控库克群岛的相关旅游事务，这标志着库克群岛政府开始正式发展旅游业。初期，库克群岛首任总理阿尔伯特·亨利实行"可控的旅游业"政策。该政策强调，库克群岛旅游业的发展应与本国人民的社会生活和谐一致，不能盲目扩张进而破坏本土的文化、习俗和传统。1968 年的《旅游局法案》也明确指出，发展旅游业的目的是为全体库克群岛人谋取福利，要尽力减少发展旅游业所带来的消极影响，这也是库克群岛的国家政策。主岛拉罗汤加岛与外岛的旅游政策形成的过程有所不同。拉罗汤加岛的旅游政策主要由政府通过库克群岛旅游局制定和实施，库克群岛旅游局将政策建议上报给旅游部部长，之后提交到内阁批准，再提交到议会讨论，最后形成法律或被否决。外岛的旅游政策建议则先由岛屿委员会商议后，提交到总审批局（General Licensing Authority, GLA），通过后则得以批准实行。1974 年拉罗汤加国际机场的建成及国际航线的开通在库克群岛旅游业发展史上具有里程碑意义。在此之前，库克群岛的旅游业规模很小。据统计，自 1966 年至 1970 年，赴库克群岛的国际游客仅 2016 人。在国际航线刚刚开通的 1974 年，当年游客总数达 6447 人，远超 1973 年的 1776 人。

1977 年，拉罗汤加度假村的落成使库克群岛的旅游接待能力大增，是库克群岛旅游业发展史上的标志性事件，当年的游客数量飙升至 14584 人。1991 年，库克群岛在亚洲开发银行的协助下，制定并实施《库克群岛旅游总体规划》（The Cook Islands Tourism Master Plan）。该规划的目标是以一种"社会上可接受、环境上无伤害、经济上可行"的方式发展旅游业，在从 1991 年至 2011 年的 20 年的时间内，促使库克群岛旅游业实现可持续增长。库克群岛大力促进旅游业的可持续发展，其具体目标大致可分为 7 个：确保强有力的治理、领导和经营；永久保持库克群岛独特的文化本质；开发强有力和可持续的劳动力资源并为库克群岛人民提供就业途径和就业机会；通过可持续的发展确保原始的环境不被破坏；采取收益驱动方式开发旅游业，优化可持续性经济产出；采取市场化和旅游目的地化开发战略，以推动可持续性产出的方式推出具有库克群岛特色的独一无二的产品；确保所有游客的健康、安全。①

旅游业是库克群岛的支柱性产业，成为服务业龙头，近年来对库克群岛 GDP 的贡献率超过 60%。② 游客主要集中于主岛拉罗汤加岛与艾图塔基岛。2015 年前 11 个月，库克群岛游客数量已达 114012 人。2012 年游客人数为 122384 人，2013 年为 120935 人，2014 年为 121458 人。游客主要来自新西兰与澳大利亚，其次是欧美国家。以 2014 年为例，新西兰游客为 79959 人，占 65.83%；澳

---

① http：//spto. org/news/18 – news/5746 – cook – islands – sustainable – tourism – policies – launched.

② https：//www. mfat. govt. nz/en/aid – and – development/our – work – in – the – pacific/cook – islands/.

大利亚游客为 22033 人，占 18.14%；美国游客为 4955 人，占 4.08%；欧洲游客为 9472 人，占 7.80%；亚洲游客为 1267 人，占 1.04%。在亚洲游客中，中国大陆游客占 30.78%，日本游客占 32.59%。不过中国游客增速很快，根据 2015 年前 11 个月的统计数据，中国游客已占亚洲游客总数的 40.7%，中国跃居库克群岛亚洲客源国首位，日本游客占 23.24%。[①]

第五节　交通运输与邮电

一　交通运输

（一）陆运

在库克群岛各个岛内，摩托车、汽车是陆路交通的主要工具。2011 年的人口普查报告数据显示，库克群岛全国拥有摩托车 6186 辆，比 2006 年增长了 11.4%。其中，拉罗汤加岛的摩托车数量占 67.1%。除此之外最常见的交通工具是汽车，库克群岛共有 1856 辆汽车，其中 90.7% 的汽车集中在拉罗汤加岛。外岛的主要交通工具是摩托车和自行车。至于用于交通的燃油费用，全国有 953 户每周花费 20～39 美元，812 户每周花费 40～59 美元，814 户每周花费 100 美元以上，这些用户绝大多数居住在拉罗汤加岛。不过，近年来，机动车事故增多，因交通事故致死致伤者并不鲜见，这一现象引起了社会的关注，严重的机动车事故不仅对家庭带来伤害，对卫生系统而言也是重大的财务负担。库克群岛《2016～2020 年

---

① http：//www. mfem. gov. ck/population－and－social－statistics/tourism－migration－stats.

可持续发展计划》中也明确提出要"减少机动车事故"。

（二）海运

库克群岛海运港口主要有阿瓦蒂乌港、阿鲁坦加港、阿罗朗伊港。拉罗汤加岛的阿瓦蒂乌港可停泊 3000 吨的货轮。拉罗汤加船运公司和库克群岛国家船运公司经营库克群岛与新西兰、萨摩亚、汤加等国的定期货运业务。库克群岛水运委员会与另一船运公司负责国内各岛之间的运输。阿瓦蒂乌港位于首都阿瓦鲁阿，是库克群岛第一大港，地理坐标为南纬 21°12′、西经 159°47′。港口深 8 米，码头长 260 米。室内仓储面积 2240 平方米，露天货场 5000 平方米。阿瓦蒂乌港近年来经过一次较大规模的修建，于 2013 年 4 月重新开放。重新修建后的阿瓦蒂乌港吞吐量更大。库克群岛全国 90% 的进口食品以及 100% 的燃料都经过阿瓦蒂乌港运输。另外还有位于艾图塔基岛的阿鲁坦加港以及位于拉罗汤加岛的阿罗朗伊港。

艾图塔基岛开发项目委员会与库克群岛港口管理局，负责商业/社区中心和海港重建项目。未来将深化和扩大现有的渠道，让游艇、游轮和船只停泊在港口；创建一个商业中心和开发旅游服务设施。

（三）空运

拉罗汤加国际机场可供波音 747 飞机起降。艾图塔基岛有一个国内机场，另外 7 个岛有飞机跑道。拉罗汤加航空公司经营国内航线。新西兰航空公司、萨摩亚波利尼西亚航空公司和斐济太平洋航空公司有定期航班从拉罗汤加岛飞往奥克兰、洛杉矶、悉尼、斐济和萨摩亚等地。2016 年 3 月，澳大利亚捷星航空开通库克群岛航线，开通全年定期的奥克兰—拉罗汤加航线。每周三个航班，从奥

克兰出发，之后经停悉尼或墨尔本。此航线上每年提供 2500 个座位，将库克群岛和新西兰间的航运力提升了约 15%，为澳大利亚与新西兰游客赴库克群岛旅游提供了诸多便利。得益于这条航线的开通，2016 年库克群岛的游客数量比 2015 年增长 11%。

二　邮电

1. 邮政

库克群岛为满足发展旅游业的需要，经常发行邮票和纪念币，其邮政业务早在 19 世纪末就已产生。库克群岛的邮政系统独具特色，艾图塔基岛与彭林环礁都有自己单独的邮票发行权。

1892 年，库克群岛发行了第一张邮票，上面印有"库克群岛联邦"（COOK ISLANDS FEDERATION）字样，7 朵小花构成了中心图案，寓意库克群岛联邦包含拉罗汤加岛等 7 个岛屿。1893 年发行的第二枚邮票印有马基亚女王的头像。1899 年又发行了一枚印有拉罗汤加岛特有的一种鸟——弯嘴鸹的邮票，当地人认为这种鸟会给人带来吉祥。1901 年库克群岛成为新西兰的属地，邮票也相应地发生变化，需要在邮票上面加盖一顶王冠。自 1892 年至今，库克群岛已经发行 900 余枚邮票，邮票上并排印刷有英文与毛利文。

2010 年库克群岛集邮公司成立，该公司出售库克群岛以及艾图塔基岛、彭林环礁单独发行的各种邮票。彭林环礁和艾图塔基岛发行第一枚邮票的时间，分别是 1902 年与 1933 年。自 1932 年到 1972 年，两地只能使用库克群岛发行的邮票，1972 年以后两个岛礁才重新发行邮票。不过在拉罗汤加岛邮寄信件只能用库克群岛发行的邮票，拉罗汤加岛邮局不接受使用艾图塔基岛和彭林环礁单独发行的邮票。

2. 电信

库克群岛电信公司是全国唯一一家电信公司，由库克群岛政府和新西兰斯帕克公司共同掌管，其中斯帕克公司控股。库克群岛的国家电话代码为 +682。

2003 年，拉罗汤加岛开始使用 GSM/GPRS 移动数据服务系统，到 2013 年 3G 无线通信网络已经覆盖了拉罗汤加岛 98% 的区域。2012 年 7 月，库克群岛大约有 7500 个手机用户，覆盖全国大部分人口。其电信系统提供国际直接拨号、互联网、电子邮件、传真和电传服务。2016 年 10 月，亚洲开发银行与库克群岛政府合作，开始启动海底电缆铺设工程，该工程耗资达 3700 万美元，由新西兰提供 2000 万美元的平行贷款，其他款项由私人注资。这一海底电缆工程也把纽埃、萨摩亚、法属波利尼西亚连在一起。

第六节 金融业

库克群岛早在 1981 年就立法成立了南太平洋离岸管辖区，目前已经成为世界上比较知名的离岸金融中心。"银行业监管离岸集团"（OGBS）与"亚太反洗钱集团"（APG）2009 年评估结果显示，库克群岛在 165 个实施国际监管标准的国家中排名第 20 位，比新西兰和澳大利亚排名都高。"税收透明度与信息交换全球论坛"在 2015 年将其评审为正面评级。

一 法律法规和管理机构

（一）法律法规

库克群岛有关银行方面的法律主要是《1981 年离岸银行法》

和《2003 年银行法》。《2003 年银行法》第四部分规定，库克群岛为银行颁发三种类型的经营许可证，即国内银行经营许可证、国际银行经营许可证、限制性国际银行经营许可证。获得国内银行经营许可证的银行可面向库克群岛居民、游客开展任何货币业务。三家库克群岛本地银行依据《1969 年银行法》获准经营此类业务。依据《国际公司法》、《国际信托法》和《国际合伙企业法》，获得国际银行经营许可证的银行可向外国公民、国际型公司开展业务，或注册信托公司等。限制性国际银行经营许可证出现较晚，获得该项许可证的银行面向在其本国获得经营权的国外银行，如其希望通过库克群岛开展银行业务，只能在库克群岛通过依据《信托公司法》成立的受托人公司开展业务。

在 1981～1984 年，库克群岛先后颁布了 6 条议会法案，该些法案遂成为离岸管辖区的法律。《国际信托法》制定于 1984 年，其后进行多次修订。该法对国际信托的存续期、信托的注册、公益及目的信托等做出了详细的规定。《国际信托法》仅适用于依据《国际信托法》注册的几家公司作为受托人的国际信托，即库克群岛受托公司、库克群岛外国公司、库克群岛国际公司。该法也对信托保护人做出了严格规定：信托保护人指的是有权指示受托人管理信托事务、有权决定受托人的自由裁量权及有权任命和解除受托人的权利持有人。该法对受托人公司的业务开展、限制、许可、监督管理、法院干涉权等事项均做出了细致规定。

（二）管理机构

库克群岛核心的金融监管机构是金融监督管理委员会（Financial Supervisory Commission，FSC），该委员会依照《2003 年金融监督管理委员会法》而设立。由财政部长任命的 5 名成员组成董事会，对金融监督管理委员会进行全面掌控。委员会的主要职责是监督并规范在库克群岛的金融机构的运作；审查库克群岛的有关特许金融机构和立法授权的金融机构监督的有效性；监测库克群岛许可的监督立法和金融机构是否符合国际公认的标准。在执行这些职责时，委员会还具有两个功能，一是为金融机构发放经营许可证以及监督其是否遵守义务；二是建议部长立法或采取其他行动，以更好地促进特许金融机构提供服务，确保符合法定义务和许可要求，避免可能有损于库克群岛声誉的行为。

金融情报局（Financial Intelligence Unit，FIU）是根据2015年的《金融情报局法案》而设立的，虽隶属于金融监督管理委员会，然而在情报调查和其他相关操作问题上，金融情报局独立于金融监督管理委员会。金融情报局的主要功能一是监督相关法令的执行，二是调查不当金融行为，三是进行相关调查、分析和监督。

金融服务发展局（Financial Services Development Authority，FSDA）依据《2009年金融服务发展法》而设立。设立金融服务发展局的主要目的是鼓励、促进和发展库克群岛的金融服务业，以实现经济持续增长的良性发展。金融服务发展局的主要功能是进行战略规划，在政府、经营者、监管者之间联络协调，促进金融服务业发展，金融服务发展局董事会成员来自私人和公共部门，包括金融监督管理委员会的代表。

二　主要银行

（一）澳新银行库克群岛分行

澳新银行总部设在墨尔本，是澳大利亚四大银行之一，全球排

名居前 50 位。澳新银行在 8 个太平洋国家设有分支机构，除库克群岛外，其他 7 个分别是斐济、基里巴斯、巴布亚新几内亚、所罗门群岛、萨摩亚、汤加、瓦努阿图。澳新银行库克群岛分行成立于 1988 年，提供全方位的商业和零售银行业务服务。

（二） 库克群岛银行

库克群岛银行成立于 2001 年 6 月，其前身为成立于 1979 年的库克群岛开发银行和库克群岛储蓄银行。库克群岛银行是库克群岛政府拥有的国有银行，主要为库克群岛当地企业提供发展贷款以及商业银行业务服务。

（三） 西太平洋银行库克群岛分行

西太平洋银行前身为成立于 1817 年的新南威尔士银行，1982 年改名为西太平洋银行。西太平洋银行库克群岛分行成立于 1998 年，西太平洋银行收购了欧洲太平洋银行在库克群岛的业务后改为现名。目前西太平洋银行库克群岛分行向客户提供全方位的零售、商业、贸易等银行业务服务。该银行在拉罗汤加国际机场还设有外币兑换所，可为游客兑现支票。另外，该银行在艾图塔基岛也设有一个代理处。

第七节　对外经济关系

一　对外贸易

库克群岛商品严重依赖进口，长期以来存在着较大的贸易逆差。新西兰政府的援助及海外库克群岛人的汇款在一定程度上弥补了贸易逆差。近几年的外贸情况见表 4-1。

表 4 - 1　2010～2015 年库克群岛进出口情况

单位：千新西兰元

年份	2010	2011	2012	2013	2014	2015
出口额	7163	3956	6552	12984	21276	20162
进口额	125778	137676	137926	141515	133670	157176
差额	- 118615	- 133720	- 131374	- 128531	- 112394	- 137014

资料来源：亚洲开发银行，《2016 年亚太地区主要指标》。

2014 年，库克群岛最主要的出口市场依次是日本（1165.3 万新西兰元）、中国（470.9 万新西兰元）、澳大利亚（58.5 万新西兰元）、新西兰（24.6 万新西兰元）、美国（8 万新西兰元）、中国香港地区（0.5 万新西兰元）。最主要的进口市场依次是新西兰（8921.5 万新西兰元）、美国（793.7 万新西兰元）、澳大利亚（645.2 万新西兰元）、斐济（369.4 万新西兰元）、日本（204.3 万新西兰元）、意大利（13.5 万新西兰元）。[1]

库克群岛出口商品以鱼类、珍珠、蔬菜为主，另外还有罐装柑橘、凤梨汁、椰肉干。进口商品以食品、活体动物、烟草、原材料、矿产及燃料、化学制品、杂货、机械及交通设备等为主。

二　外来投资

为指导外资注入，库克群岛制定了《1995～1996 年发展投资法》（The Development Investment Act 1995 - 1996）、《2003 年发展投资法令》（Development Investment Order 2003），规定任何外来投资必须经过库克群岛商业贸易与投资部（Cook Islands Business

[1]　http：//www.mem.gov.ck/statistics/economic - statistics/overseas - trade - stats.

Trade and Investment Board，BTIB）批准，同时对外资份额与投资领域等做出了严格规定。外资公司指外资所占份额超过总份额 1/3 的企业。在同等条件下，库克群岛本国企业具有投资优先权。同时规定在农业、海洋资源、旅游业等领域，不允许外资企业涉足，除非符合相关规定。《1976 年租赁限制法》规定，土地只能租赁，不允许买卖。土地租赁期如果超过 5 年，则必须按照租赁限制法成立一个委员会，主要是对非库克群岛人的租赁行为进行审查和控制。经委员会审议通过后方可批准，最长租期不得超过 60 年。库克群岛《有限责任公司法》对有限责任公司的设立、监管、公司管理、出资、募集、注册、终止、转让等事项做出了规定。该法规定，有限责任公司的名称中必须包含"有限责任公司"字样。在符合公司建立的条件并缴纳申请费之后，注册官将会颁发有限责任公司组织机构证书，组织机构证书的有效期一般为 12 个月，到期后需要换发新证。经营银行、保险等金融业务的公司需要按照《银行法》等金融法律法规的要求设立。经过多次修订的《国际公司法》，主要对国际公司的建立和运营、外商投资、公司的注册等各事项进行了规范。《国际合伙法》还对国际合伙公司的注册、合伙人责任、其他法律对合伙人的适用、有限合伙等方面做出了相应的具体规定。与税收相关的法律法规，大致包括《所得税法》（Income Tax Act 1997）、《增值税法》（Value Added Tax Act 1997）、《关税征收与边境保护法》（Customs Revenue and Border Protection Act 2012）、《离境税法》（Departure Tax Act 2012）、《关税法》（Customs Tariff Act 2012）等。库克群岛相关税收法律法规规定，其增值税税率为 12.5%，而且库克群岛只对应纳税供应征收增值税。在库克群岛，非居民企业需要根据其来源于库克群岛的全部收入缴纳所得税，居民企业则根据其来源于世界的全部收入缴纳所得税。一些非法人组织（如商店、独资企业、合伙公司等），必须根据其所获得的利润缴纳个人所得税。库克群岛的所得税实行累进制税率，不同的收入对应不同等级的累进税率。此外，库克群岛的居民企业与非居民企业所适用的税率也不同，居民企业适用 20% 的税率，非居民企业适用 28% 的税率。

联合国贸易暨发展会议所提供的数据不甚全面，数据显示，2011 年、2012 年、2013 年库克群岛向外流出的直接外资分别是8.135 亿美元、1.307 亿美元、0.887 亿美元。[①] 对于每年有关外来投资的数据资料，库克群岛商业贸易与投资部极少对外公开发布。另外，库克群岛非世行成员，亚洲开发银行报告中有关库克群岛外资方面的数据也比较缺乏。

三　国际援助

国际援助是库克群岛财政收入的一大来源，库克群岛对国际援助具有较强的依赖性。库克群岛的国际援助一部分来自澳大利亚、新西兰、中国、美国等强国，另外一部分来自太平洋岛国论坛、联合国等地区与国际组织。援助形式既有双边援助，也有多边援助。近年来，库克群岛经济有所改善，但仍是世界上人均接受外援最多的国家之一。

联合国粮食及农业组织、联合国开发计划署、联合国资本发展基金会、欧盟、美国国际开发署、日本国际协力事业团、加拿大国

---

① 联合国贸易暨发展会议网站，http：//unctad.org/en/Pages/DIAE/World%20Investment%20Report/Annex - Tables.aspx，2016。

际开发署、南太平洋委员会、澳大利亚农业研究中心、澳大利亚国际开发署等均在库克群岛设立援助项目。传统上，新西兰是库克群岛最大的双边援助国，其次是澳大利亚。两国援助支持的领域和库克群岛的重点发展领域相一致，包括教育、人力资源发展、应对气候变化等。

据统计，2000～2001年，新西兰援助金额占库克群岛所得的双边援助额的53%。2015～2016年度新西兰的援助金额为1560万美元，2014～2015年度澳大利亚对库克群岛的双边援助金额达190万美元。据澳大利亚外交事务与贸易部估算，2015～2016年度澳大利亚对库克群岛的双边援助总额及ODA总额分别为190万美元和400万美元。中国近几年对库克群岛的援助力度加大。按实际支付计算，2006～2013年，中国成为库克群岛的第二大双边援助国。自2006年起，中国援助中有58%以优惠贷款的形式提供给库克群岛。贷款主要用于三大项目：拉罗汤加岛供水项目（1870万美元）、电信体育竞技场项目（873万美元）和库克群岛教育部大楼项目（9万美元）。[1] 2000年库克群岛签署《科托努协定》后，从欧盟那里接受了一部分财政和技术援助。

---

① 喻常森主编《大洋洲发展报告（2014～2015）——21世纪海上丝绸之路南线建设：中国与大洋洲关系》，社会科学文献出版社，2015，第231页。

第五章

社　会

第一节　社会结构与社会关系

　　库克群岛传统社会结构层次鲜明，酋长制是其社会制度的主要组成部分。酋长拥有精神和政治的双重统治地位，在库克群岛传统社会中扮演着举足轻重的角色。在部落中，酋长拥有超自然的力量，他在一定程度上掌管着土地的分配，支配着公共财富。部落内大多数土地所有者居住在分配给自己的土地或者靠近分配土地的地方，成员有权决定将土地用于建造房屋、园艺、狩猎、采集或其他活动。对土地拥有者而言，拥有土地的意义远超土地本身，它意味着自己是血缘族群中的一员，而这个群体主掌着土地和其他重要权利的分配。围绕着土地制度与血缘关系，个人、核心家庭、大家庭、氏族、部落紧密地连在一起，形成了库克群岛独特的社会结构。

　　西方势力的到来，对传统社会结构和社会关系造成相当大的冲击。西方国家在殖民地设立的管理机构逐步蚕食了传统酋长的权力，如传统的土地所有权制度在现代化冲击下逐渐风化。在殖民势力的影响下，酋长作为传统领导者的形象也开始发生变化。在库克群岛，西方近代的殖民管理体系逐渐取代了传统的政治结构，酋长

虽然在自己的部落、氏族中仍然保留着世袭的神权，以及一些政治、经济和司法权力，不过酋长不再是至高无上的统治者，不再具有行政管理权和军事统帅权，酋长逐步沦为西方维持殖民统治的工具。库克群岛建国后，随着现代民主政治的不断发展，虽然世袭的酋长依旧深受国民尊重，但传统的等级制社会结构渐渐发生改变。现在库克群岛人一般认为，决定一个人社会地位的更多的是其教育经历和职业，而非世袭的头衔。

大家庭是库克群岛传统社会的特色，也是人们处理社会关系的起点。库克群岛至今仍然非常重视大家庭。在库克群岛人看来，大家庭并不只意味着母亲、父亲和孩子，还意味着祖父母、叔叔、阿姨等。大家庭的所有成员互帮互助，彼此照顾。大家庭记录了他们的历史，他们的后代以及自己在其中担当的角色。虽然库克群岛受西方基督教影响很深，不过并不妨碍其传统的基于大家庭的文化传承。

当前，在全球化与现代化冲击之下，库克群岛也经历着自近代以来最显著的社会文化变化。比较显著的一个现象就是人口的不断减少。如 1996 年库克群岛的金融危机明显加剧了人口外流。大量人口迁移到新西兰与澳大利亚，有的外岛人口外流达到该岛总人口的一半以上。劳动力的不足促使库克群岛从斐济、菲律宾等国引进劳动力，目前外国劳工约占库克群岛常住居民的 15%。外来的文化和价值观冲击着库克群岛。人口减少也使传统的大家庭濒临解体。库克群岛的传统大家庭，其模式通常是祖父母照顾婴儿，而父母外出工作，孩子负责赡养父母。目前，库克群岛每户家庭一般仅有两个孩子，人口外流加上家庭的小型化使大家庭名存实亡。孩子一般由外国保姆或年轻父母照看。老人得不到儿女赡养的现象已不鲜见。大家庭的日渐瓦解使库克群岛传统社会关系也面临新的挑战。

　　不过，库克群岛传承下来的习俗与制度在政治、经济、文化中仍不鲜见。如法律方面，库克群岛宪法第 48 条规定，鉴于芒艾亚岛、米蒂亚罗岛和普卡普卡环礁人民的风俗习惯问题，不经过有关岛礁酋长们的许可，高等法院在这些岛屿都不得行使与土地或者首领头衔相关的管辖权。在任何上述岛屿，与土地或首领头衔相关的管辖权或其他权力，应当依照该岛屿当地的风俗与习惯来行使，且对所有相关人员具有约束力，任何法院不得对此质疑。另外，虽然经济快速发展拉大了收入差距，每个社区都存在着不同的收入群体，不过，库克群岛大家庭成员之间历来有彼此支持的传统，这一传统仍未断绝，外岛的人口主要聚居在岛屿上的两三个大村庄里，有的在内陆，有的位于沿海地区。近年来，库克群岛政府大力提倡传统文化与价值观。因此，即使受到强烈冲击，库克群岛的传统不可能完全断绝。

第二节　国民生活

　　库克群岛的社会发展程度较高，是人类发展指数最高的太平洋岛国之一，也是太平洋岛国中，唯一一个完成联合国千年发展计划（2000～2015）目标的国家。库克群岛妇女的劳动从业率为 65%，在太平洋岛国中仅次于所罗门群岛（67%），其妇女有偿从业率为59%，居太平洋岛国首位。[①]

---

①　ADB, Pacific Approach, 2016 - 2020, https：//www. adb. org/sites/default/files/linked - documents/rcs - pacific - 2016 - 2020 - ld - 06. pdf.

一 就业

（一）就业法规

库克群岛对就业立法比较重视，《2012 年库克群岛就业关系法案》针对私营部门的就业关系做了规定，而且会同《1995～1996 年公共服务法案》就公共部门的就业关系做了界定，取代了原来实行了近 50 年的《1964 年库克群岛工业和劳动法令》。

《2012 年库克群岛就业关系法案》消除了《1964 年库克群岛工业和劳动法令》的弊病，该法案的目的是改革与就业相关的法律，以及为提高所有雇员的生产率、工作积极性和福利进行的个体和集体关于就业合同谈判的相关法律。值得一提的是，该法案限制政府参与劳动市场的事务，规定雇员和雇主之间的关系应受到经过谈判的个人雇用合同或集体雇用合同的制约；该法案规定结社自由，以确保遵守各项国际协定，符合国际潮流。这些国际协定包括涉及工作权基本原则（如集体谈判、结社自由、同工同酬）的国际劳工组织核心劳动标准；关于保护孕产妇的劳工组织《第 183 号公约》和解决童工问题的《第 182 号公约》、《消除对妇女一切形式歧视公约》，以及欧盟与非洲、加勒比国家和太平洋国家签署的《科托努协定》。

《1964 年库克群岛工业和劳动法令》规定，对于在任何需要持续站立的工厂就业的女性，工厂应保证其有一段休息时间。雇用妇女在工厂使用机器的雇主必须保证受雇妇女就机器的操作接受了培训，或者保证其受到对该机器有丰富知识和经验的人员的充分监督。另外，对于被认定为危险的职业，限制其雇用 18 岁以下人员。雇用 16 岁以下人员必须经过内务和社会服务部劳动与消费者处处长的批准。

(二) 就业状况

库克群岛的劳动力队伍虽然规模较小,但大多数劳动者受过良好教育。2011 年的人口普查数据表明,就业主要集中在社区、社会和个人服务(占 35.5%),贸易、酒店和餐饮业(28.1%),种植业和渔业(10.6%),交通和通信(9.5%),矿业、采石和制造业(5.8%),金融和商业服务(5.2%),建筑(3.0%)以及水电(2.3%)等领域。库克群岛 2001 年、2006 年、2011 年就业情况调查见表 5 - 1。

表 5 - 1　库克群岛 2001 年、2006 年、2011 年就业情况调查

	2001 年	2006 年	2011 年
总就业人数(人)	5928	6794	6938
私有企业就业人数(人)	3291	3589	—
国有企业及公共部门就业人数(人)	1452	1721	—
自给及无酬劳动者(人)	82	87	123
失业率(%)	13.1	8.9	8.2
劳动力参与率(%)	69.0	70.2	71.0
就业人口比率(%)	60.0	63.1	64.0

资料来源:库克群岛财政和经济管理部统计局 2001 年、2006 年、2011 年人口普查报告。

库克群岛统计数据掩盖了劳动力外流的事实。自 20 世纪 90 年代中期以来,库克群岛劳动力向新西兰、澳大利亚的迁移造成了人口大幅度减少,国内总人口日趋减少,劳动力资源短缺现象日渐明显。在一些技术要求较低的领域,库克群岛从国外输入劳工以进行弥补。据 2011 年人口普查统计数据,外国劳动力约占库克群岛总劳动力的 16%。其中,395 人来自新西兰;303 人来自斐济;158 人来自菲律宾;另外来自其他太平洋岛国的有 90 人,来自澳大利亚的有 59 人。外国劳动力最为集中的行业是宾馆餐饮业,共 369

人，占该行业从业者的 27%；其次是社区服务与个人服务行业，共 170 人，占该行业从业者的 35%。另据外交与移民部提供的外国劳务合同数据，自 2012 年 7 月至 2014 年 7 月，在库克群岛工作的外国人中，来自菲律宾的占 37%，来自斐济的占 35%，来自新西兰的占 10%，来自印度尼西亚的占 7%，来自中国的占 2%，来自澳大利亚的占 1%，剩下的 8% 来自其他太平洋岛国以及东南亚、南美洲、欧洲的 22 个国家。

就业结构也已经发生了变化，反映了由于人口迁移海外所导致的总人口的减少。2002 年，按照地区划分，就业人口的分布情况是：拉罗汤加岛 6431 人（65%）、南库克群岛 2383 人（24%）、北库克群岛 1068 人（11%）。这些就业人口中，57% 是男性，43% 是女性。在失业的 892 人中，男性为 450 人，女性为 442 人。

二　收入与消费

在太平洋岛国中，库克群岛的工资水平处于领先地位。库克群岛早在 1964 年出台条令设定了最低工资标准。最低工资为 4 新西兰元/小时，无性别之分。私营部门的平均最低工资要高，有些私营企业的最低工资为 7 新西兰元/小时，管理层的最低工资为 21 新西兰元/小时。收入超过 10000 新西兰元才需缴税。从 1981 年开始，政府规定最低工资和公共服务报酬随着生活费用指数的变化而变化。

2011 年库克群岛人口普查数据显示，库克群岛劳动力平均工资为 9.85 新西兰元/小时。其中，拉罗汤加岛为 10.87 新西兰元/小时，南库克群岛为 6.78 新西兰元/小时，北库克群岛为 5.53 新西兰元/小时。不同性别间收入也有所差异，如女性平均工资为 9.70 新西兰元/小时，男性平均工资为 9.98 新西兰元/小时。

三　社会福利

根据 2002 年 7 月 1 日生效的《公务员休假政策》，所有公务员均享有年假，工作满 5 年者年假为 10 天，工作满 10 年者为 15 天，工作满 10 年以上者为 20 天。男女公务员休假资格相同。公务员的病假时间为 10 天非累计假期。探亲假、特殊事假，如丧假、前往其他岛屿、代表国家参加相关活动、学习、考试等的请假申请都要由部长酌定批准。政府不提供失业福利。失业人口往往会移民新西兰，在新西兰可以自由就业，可获得政府资助。

政府不以家庭福利的形式提供社会援助。根据《1989 年福利法案》，政府以儿童福利的形式向 10 岁以下儿童的父母提供社会援助，用于生活和教育费用。儿童福利直接提供给父母（通常是母亲），除非主审官另有规定。进行出生登记时也会获得 200 美元。2005 年约有 3240 名儿童领取了这种福利。

政府对国民享受福利的年龄进行上调，从 2006 年起分阶段将享受福利待遇的年龄调整到 12 岁，然后提高到 15 岁。老年妇女从 60 岁开始可以领取养老金。年龄每增长 5 岁养老金增长 10 美元。2005 年有 753 名妇女领取养老金。

女公务员享有 6 周全薪产假。若需要继续请假，则应从其他类型的休假中扣除或作为无薪特殊休假来对待。公共部门的男性雇员在其伴侣住院分娩期间若需要在家照顾未到学龄的子女，部长可以批准最多 3 天的全薪假期。若需要继续请假，部长可以考虑批准探亲休假或无薪特殊休假。

四　饮用水供给

北库克群岛因是珊瑚岛，其地层是透水层，雨水虽多但难以留

存，多渗透到海里，因而北库克群岛淡水缺乏，民众基本靠雨水生活，传统上，每家皆有贮存雨水的小型容器。目前，北库克群岛建有为数不菲的钢筋混凝土贮水罐，每个容量约 4500 公升，缓解了民众的缺水之苦，在一些大型公共建筑附近，还建有大型贮水罐，容量达 45000 公升。拉罗汤加岛及其他南库克群岛诸岛水源比较丰富。拉罗汤加岛的饮用水来自岛上的泉水和河水，通过抽取、过滤再输送到岛上居民的家里。2017 年 2 月，中国、新西兰、库克群岛三方共同参与的拉罗汤加岛供水工程竣工，为拉罗汤加岛民众及赴岛旅游的游客提供了干净水源。

2011 年的人口普查结果表明，87.6% 的家庭（3830 户）得到公共饮用水的供应。与 2006 年的 3501 户相比，增长了 9.4%。这些家庭有 79% 居住在拉罗汤加岛。雨水是外岛地区的主要饮水来源，在拉罗汤加岛使用贮水罐的家庭也越来越多。据统计，55% 的拉罗汤加岛家庭使用雨水。全国 30% 的家庭饮用过滤后的自来水，28.2% 的家庭喝瓶装水或买水，23.1% 的家庭喝雨水。过滤后的自来水和瓶装水在拉罗汤加岛更常见。

五 性别问题

库克群岛一向对性别问题比较关注。早在 1993 年，为促进男女平等，解决性别问题，库克群岛政府设立了性别问题与发展处，主管妇女问题，该处隶属于内务部。每年制订年度工作方案，并协同其他政府机构、非政府组织，包括国际组织，致力于库克群岛性别问题的解决。因外岛地区性别问题更为突出，近年来性别问题与发展处主要集中于解决外岛地区的妇女问题。库克群岛《2016～2020 年国家可持续发展计划》中专门提到了性别问题。如"目标 9"为

"促进性别平等，赋予妇女和女童更多的权利，提升青少年、老年人和残疾人的权利"。"目标16"为"促进形成一个和平与公正的社会，实现具有透明度和问责制的良好治理"。其中一个衡量指标"减少家庭暴力"，指出"家庭暴力（即在家庭中针对妇女和儿童的暴力）是长期以来困扰国家的一个最严重的和不幸普遍存在的犯罪之一。我们必须对此保持警惕且持续关注这一问题，并努力从政府和社区层面确保对这一问题保持零容忍态度"。同时指出，自建国以来，库克群岛妇女在政治上的地位明显偏低。目前只有14%的民选官员是女性，在议会以及地方政府中，妇女代表仍然不多。

2002年12月31日，库克群岛政府部委和英资机构中雇员总数为1750人，其中男性1017人，女性733人。2002年底，库克群岛15名部长中有2名是女性，副检察长是一名女律师，库克群岛师范学院的院长也是女性，还有一些妇女在政府中担任高级职务。31个政府机构（包括各司和其他政府机构）中有4个机构的领导人是女性。政府各司下属的各处共有29名女性处长和59名男性处长。2003年，库克群岛共有4名女律师、15名男律师。

第三节　医疗卫生

一　医疗卫生概况

库克群岛的卫生和公共保健服务水平都较高。水和卫生服务的获取几乎达到100%。因此，传染病能够得到控制，并确保传染病的流行处在较低水平。国民的预期寿命在1945年仅为40岁，进入21世纪后，已超过70岁。

库克群岛卫生部是库克群岛医疗服务的主要提供者，同时一些民间团体和非政府组织，如库克群岛红十字会、库克群岛家庭福利协会、库克群岛儿童健康和福利协会以及创新中心等也和卫生部联手，为库克群岛国民提供医疗卫生服务。库克群岛卫生部下设 3 个署，即社区卫生服务署、医院卫生服务署、资金和计划署。社区卫生服务署主要负责在社区层面提供公平与便捷的卫生保健服务。重点是提供初级医疗保健服务，预防疾病和保护民众免受损伤，促使人们更健康地生活，以提升人口健康状况。社区卫生服务署向社区内包括儿童、青少年、成年人和老年人在内的人群提供安全可靠的、容易获得的、能够负担得起的预防性卫生服务，以实现上述目标。社区层面的场所包括学校、教堂、工作场所和其他场所。社区卫生服务署的主要服务领域涵盖心理健康、卫生防护、卫生促进、儿童与青少年健康、生殖和孕产妇健康、口腔健康和研究。医院卫生服务署负责在医院机构层面提供容易获得的及公平的卫生保健服务。重点是在初级、中级、高级、康复和医疗层面尽力改善国家人口的健康状况，目的是向国内民众提供安全可靠的、容易获得的、能够负担得起的治疗和介入性健康保健服务，重点放在早期诊断、治疗、恢复以及康复等环节。其中，临床和护理服务包括手术、手术麻醉、内科、妇产科、急诊科、儿科门诊；临床辅助服务包括提供救护车（或看护等）以及生物医学、放射科、化验室、药房、物理疗法与医院服务质量管理；一般性辅助服务包括感染控制与清洁、营养、联络、协调病人转诊和医疗专家预约、接待、医疗记录管理等。资金和计划署负责为库克群岛社区和医院卫生服务提供资金与规划方面的服务。资金和计划服务包括提供人力资源、金融、政策、信息和技术等支持。

尽管有一些规模很小、逐渐发展的私营保健机构——主要在拉罗汤加岛上，但是库克群岛几乎没有中级保健服务机构。一些非政府组织也提供保健服务。外岛地区的病人遇到疑难疾病，可到拉罗汤加岛或转诊到新西兰接受进一步治疗。政府支付到新西兰的转诊费和医疗费。拉罗汤加岛医院象征性地收取就医费用。医院药房也可以以象征性的收费提供药物治疗。

婴儿死亡率大大降低。1996～1997 年婴儿死亡率从 1991～1995 年的 7‰ 剧增到 1996 年的 23.6‰ 和 1997 年的 36.3‰。有许多因素造成这种现象，包括一些外岛地区缺乏训练有素的卫生工作人员、拉罗汤加岛的医疗费用较高导致许多人不愿意就医以及缺乏医疗设备和药品。自此之后，由于全国产妇绝大部分转到医疗条件最好的拉罗汤加医院分娩，婴儿死亡率有所下降。2005 年婴儿死亡率为 15.8‰，与 2003 年相同（5 例死亡病例）。胎儿死亡率也逐渐降低。2004 年报告了三例胎儿死亡病例。孕产妇死亡率一向很低。2013 年、2014 年库克群岛的婴儿死亡率为 0。这表明库克群岛的医疗卫生政策取得长足进步。

库克群岛全国只有两所医院，一所在拉罗汤加岛，另一所位于艾图塔基岛。其他岛屿只有健康中心，仅提供基本的卫生服务，由地方的医生和护士开展医疗卫生工作。2015 年，库克群岛共有床位 139 张，有门诊诊所 14 个、牙医诊所 5 个、健康中心 12 个、儿童福利诊所 45 个、私人医疗诊所 2 个、私人牙医诊所 2 个。

二 主要疾病

2011～2015 年，库克群岛排名前五位的传染病是皮肤病、肠胃炎或腹泻、肺炎、支气管炎、流行性或病毒性感冒。库克群岛

2013 年皮肤病发病率最高，多达 2746 例，2014 年降至 1152 例，2015 年为 938 例。值得关注的是，近年来，由于受气候变化及海洋污染的影响，库克群岛出现了雪卡中毒病例。雪卡中毒又名西加中毒，属于食物中毒病症。珊瑚礁遭受侵蚀破坏后，含雪卡霉毒素的藻类植物如甘比甲藻生长旺盛。一些热带或亚热带海洋鱼类，常见的如珊瑚礁鱼类食用这些有毒藻类之后，体内毒素增加，虽然这种毒素对鱼无害，但人类食用之后就会出现恶心、腹痛、呕吐和腹泻，另外神经系统也会出现异常症状，如身体感觉异常、体温异常、眩晕等，也会出现心律失常、血压下降、心动过缓等症状。2014 年，库克群岛治疗雪卡中毒患者 65 例，2015 年为 41 例。

根据 2013 ~ 2015 年 3 年的数据，库克群岛发病率排在前 10 位的疾病依次是心脏病、呼吸系统疾病（慢性下呼吸道疾病除外）、损伤和中毒以及其他外部因素导致的伤害、高血压、传染或寄生虫病、消化系统疾病、糖尿病、皮肤病及皮下组织病、慢性下呼吸道疾病、泌尿系统疾病。在这 10 种疾病中，除了高血压、慢性下呼吸道疾病和泌尿系统疾病这 3 种疾病女性患者多于男性，其余 7 种疾病，男性患者人数均多于女性。

库克群岛所面临的主要的非传染性疾病主要有四种，分别是心血管疾病（包括高血压、中风或脑血管意外、心脏病、心力衰竭、心肌梗死、肾功能损坏）、糖尿病、慢性呼吸系统疾病（包括哮喘、支气管扩张、肺气肿和慢性支气管炎）和癌症。根据 2009 ~ 2015 年的统计数据，心血管疾病是库克群岛发病率最高的非传染性疾病，平均每年超过 200 例。糖尿病则平均每年会出现 100 个新发病例，而且这些新病人多患有其他非传染性疾病。从 2005 年至 2015 年，库克群岛总共有 276 人被诊断出患有癌症，平均每年出现近 30 个新病例。2012 ~ 2015 年所查出的癌症患者中，45 岁以上的占了 90% 以上，其中 65 岁以上的患者占了一半还多。癌症患者当中，患前列腺癌的男性患者最多，自 2012 年起，库克群岛实施前列腺癌宣传计划，更多的人增强了防范意识，进行了早期检测。乳腺癌在女性患者当中较为常见，2013 年查出的乳腺癌患者为 60 人，2014 年与 2015 年发病率有所下降。

性传播感染（性病）患者数量继续下降，在 2008 ~ 2015 年，患者从 2008 年的 312 例降至 2015 年的 38 例。衣原体感染仍然是最普遍的类型，占 2015 年诊断总数的一半以上。这些病例在实验室得到确认。

根据 2012 ~ 2015 年的调查资料，造成库克群岛民众死亡的主要疾病是非传染性疾病，尤其是循环系统疾病，如高血压、中风和心脏病。2015 年，库克群岛岛民死于心脏病的占 35%，死于糖尿病的占 19%，死于癌症的占 14%，因高血压而死亡的占 13%，死于慢性呼吸道疾病的占 8%，因伤致死的占 6%，因其他原因死亡的占 5%。

三 卫生部门的培训

库克群岛政府不断努力提高护理人员的能力和专业水平。如护士人力资源发展计划包括：实施实习计划，派护士前往新西兰公立医院进行培训，为外岛地区和拉罗汤加岛其余的护士助理（登记护士）提供培训；为外岛地区的护士开展提高技能的培训。在国内，从 2003 年 6 月实行了一个为期 3 年的护理基础文凭方案，2008 年 2 月实施一项为期 18 个月的登记护士方案。2010 年，库克群岛卫生部出台《2010 ~ 2020 年人员发展计划》，计划的宗旨为"打造一支能力过硬的医疗队伍，为库克群岛人民拥有更健康的身

体提供优质服务"。主要内容有：（1）培养一支人才队伍。加大对医务人员正规培训和发展的投资，包括通过各种渠道推动医学院校学生成长，以保证他们成长为具有良好技能的专业人才。（2）提高效率与绩效。增加医务从业者的报酬，加强绩效管理，改善工作条件，以提高医务人员的积极性。（3）持续成长，追求卓越。引导医务人员继续攻读研究生或走上管理岗位。（4）支撑架构。确保卫生部门对医务人员队伍的支持。关于培训经费来源，除了本国之外，新西兰国际开发署、澳大利亚国际开发署、世界卫生组织主要通过奖学金形式提供了大力支持。库克群岛卫生人力资源计划（2016~2025）强调继续开展医学教育，加强卫生人力的培养。员工发展计划重点应为扩大专家的数量，提升护士、牙科医生的人数。

第四节　环境保护

作为一个地小人稀的低地岛国，库克群岛生态环境脆弱，受气候变化和自然灾害影响极大。随着近年来经济活动的增多和生产生活方式的改变，环境问题对库克群岛的影响日益明显。当前，气候变化与环境问题已逐渐成为库克群岛社会各阶层关注的焦点。面对日趋严峻的环境问题，库克群岛政府与国际社会联手，推出了一系列环境治理与保护的政策和措施。

一　环境问题

（一）固体与液体垃圾污染

目前，库克群岛固体与液体垃圾处理系统建设仍然不够健全，固体和液体垃圾仍不能合理与及时地得到清除。这不仅对环境卫生造成一定的破坏，同时也对海洋、水和空气造成了污染。此外，固体与液体废弃物还占用了库克群岛稀缺的土地资源，影响了农业生产以及环境美观。

　　与传统时代相比，库克群岛民众的生活方式发生了很大变化，目前大量的生产生活用品主要依赖进口，塑料包装、罐装食品和生活用品已非常普遍。加之库克群岛旅游业日渐兴盛，赴库克群岛旅游的游客越来越多，固体垃圾污染问题日益凸显。按照库克群岛民众的传统思维，所有的贫瘠偏远农业土地或住宅地均可用来做固体垃圾的掩埋地，因此固体垃圾的存放侵占了相当一部分土地。目前，拉罗汤加岛和艾图塔基岛是库克群岛居民与游客最集中的两个岛屿，湿地地区的固体垃圾污染比海滩地区要严重得多。而在芒艾亚岛、米蒂亚罗岛、阿蒂乌岛、毛凯岛这些珊瑚岛，崎岖地带与石灰岩凹坑处成了固体垃圾的天然存放地。库克群岛气候炎热，垃圾存放地极易招致蚊蝇，所散发的气味对大气造成污染。在风化作用下，有毒废物渗出的有毒物质也对土壤造成一定的污染。有毒物质随着雨水流入溪流和潟湖或通过土壤而渗入到地下水中，对海洋生物和地下水造成一定的污染与破坏。外岛地区的固体垃圾收集由岛屿委员会负责，而拉罗汤加岛的固体垃圾主要由私人公司处理。库克群岛政府也早已着手治理固体垃圾污染问题，但形势仍非常严峻。在库克群岛，固体垃圾处理设施由基础设施部负责管理，政府雇用了 8 个人负责卫生垃圾填埋地的日常管理。不过目前卫生垃圾填埋地已趋近饱和。首都阿瓦鲁阿有 4 处垃圾焚烧炉，但设备落后，没有排放控制装置，而且机场附近的日处理 200 千克机场垃圾的垃圾焚烧炉损坏严重。

液体垃圾污染问题也困扰着库克群岛。在拉罗汤加岛，潟湖污染已经引起人们的关注，其中40%的污染与不合理的居民化粪池系统有关。[①] 在拉罗汤加岛，化粪池满了，就由私人企业派员工抽出液体废物然后在个人土地上进行处理。在发生涝灾时，拉罗汤加岛低洼地带的化粪池时常发出恶臭的气味。在艾图塔基岛，处理液体废物的方式一般是在化粪池旁边再挖一个坑，然后将化粪池的废物倾倒入新挖的坑中。

（二） 物种入侵

物种入侵也对库克群岛的环境造成了威胁。库克群岛《2016～2020年国家可持续发展计划》指出，要强化生物安全。库克群岛农业生物安全威胁的主要风险来自国外。诸如果蝇的大规模繁殖等甚至威胁到库克群岛所有农作物的安全，对农业收成和农民的生计造成了严重的影响。为了改善土壤条件，库克群岛曾引进含羞草、金钱草、巴西苜蓿等植物。这些植物引进后生长极快，目前已基本遍布全国，在南库克群岛尤其明显。另外一些入侵物种如倒地铃、苦瓜、红西番莲、掌叶牵牛等已经对库克群岛本土森林系统构成潜在威胁。在20世纪30年代，倒地铃仅生长于首都阿瓦鲁阿，但是目前在拉罗汤加岛，这种植物随处可见，尤其疯长于废弃的柑橘园。在外岛地区，苦瓜、红西番莲也已经占据了多年无人耕种的种植园。这些草类植物疯狂蔓延，使库克群岛一些本土植物因见不到阳光而死，对原有的生态系统造成了一定的破坏。在艾图塔基岛，多刺的含羞草丛生，使一些土地难以耕种。

---

① Kia Orana, Snap Shot, "Sanitation", http：//ici. gov. ck/sites/default/files/downloads/SNAP% 20SHOT% 20Sanitation% 20FINAL% 20v1 % 200% 20100215. pdf.

除了草本植物外，伞树、火焰树等木本植物的威胁也不容小视。这些树木生长速度快，而且长成的树木一旦倒掉，会使大片土壤裸露，极易遭受侵蚀、风化或导致水土流失，另外也为倒地铃、含羞草等草本植物的入侵提供了可乘之机。

（三）气候变化

库克群岛属于受气候变化影响最大的小岛屿国家之一，随着全球气候变化态势日益严峻及其所带来的危害不断增大，低地小岛屿国家生态环境和经济上的双重脆弱性也加剧了库克群岛对气候变化影响的担忧。

气候变化对库克群岛造成的影响是多方面的。库克群岛气象局研究调查发现，气候变化造成了库克群岛天气模式及降雨量的改变。气温每升高一摄氏度，不同岛屿的干季与湿季也会发生相应变化，如有些岛屿降雨量大增，彭林环礁干旱天气则持续更长的时间。气候变化对库克群岛造成的具体影响大致包括三个方面。一是海平面上升带来的冲击。卫星数据显示，库克群岛附近的海平面自1993年以来每年上升约4毫米。[①] 相对于主要由火山岛组成的南库克群岛，主要由珊瑚环礁构成的北库克群岛所受的影响更大，海平面不断上升甚至威胁到岛民的生存。如马尼希基环礁仅高出海平面4米，早在1997年，该岛就有一半的人口迫于气候安全被安置到拉罗汤加岛，有些人后来移民新西兰。此外，海平面上升与气候变暖也影响到库克群岛的珍珠养殖业。海水温度上升使近年来海平面

---

① Cook Islands Meteorological Service, Australian Bureau of Meteorology, Commonwealth Scientific and Industrial Research Organisation, Current and Future Climate of the Cook Islands, 2011, http：//www. pacificclimatechangescience. org/wp – content/uploads/2013/06/9_ PCCSP_ Cook_ Islands_ 8pp. pdf.

上升速度加快。海洋中诸如黑唇珍珠贝等对海水温度比较敏感的海洋生物的生长繁殖受到影响，珍珠的产量和质量也会因此而下降。海平面上升也使库克群岛沿海地区易于遭受强风暴和海水的冲击、侵蚀，增加淡水中的盐分，造成土地盐碱化。二是强自然灾害增多，对人民的财产安全和生命安全造成威胁。热带气旋影响库克群岛多在当年 11 月至次年 4 月间。据统计，自 1969 年到 2010 年，共 47 个热带气旋袭击过拉罗汤加岛，平均每年至少一次。但每年热带气旋的数量差别较大，多的年份有 6 次，有的年份没有，在出现厄尔尼诺现象的年份热带气旋出现的频率较高。1997 年 11 月初，热带气旋"马丁"袭击库克群岛，造成马尼希基环礁 18 位岛民死亡。2005 年 2～3 月，短短 5 周的时间内，5 次热带气旋陆续登陆库克群岛，最低的等级为三级，最高的达到五级。2010 年，11 级台风"帕特"登陆库克群岛，艾图塔基岛的电力与通信中断，全岛 80% 的房顶被掀翻，损失高达 1200 万新西兰元。彭林环礁的学校也被台风摧毁。台风还使海水倒灌农田，摧毁了不少农作物。三是珊瑚礁遭到破坏，库克群岛面临丧失抵抗巨浪的缓冲带的威胁。库克群岛的珊瑚礁是保护海岸免受巨浪与暴风雨冲击的天然缓冲带，也是吸引海外游客的旅游资源。但珊瑚虫适应气候的能力很弱，对海洋温度变化敏感。热带地区的珊瑚虫基本上依赖于一种名字叫作虫黄藻的寄生植物为生，但海水温度升高使虫黄藻逃离珊瑚虫。失去养分来源虫黄藻，珊瑚虫就会死亡，大片珊瑚礁进而出现白化现象。另外，海水的酸性也因大气中二氧化碳含量过高而发生改变，而海水酸性的提高会使珊瑚虫分泌钙质外骨骼的能力变弱。同时，气候变暖带来的热带风暴也对珊瑚礁具有一定的破坏作用。

（四）　经济开发引起土地退化和海岸侵蚀

库克群岛近年来旅游业发展迅速，成为太平洋岛国中经济发展态势最好的国家之一。不过，在经济快速发展的同时，也存在着一些隐患，如过度开发对环境带来不小的压力。

一是旅游开发对土地和海岸造成的侵蚀。拉罗汤加岛是库克群岛旅游业发展最快、游客最集中的岛屿。该岛的旅游开发集中于海滩区域。为利益所驱使，旅游住宅与设施建设增长迅速。有些建筑距离海岸过近；有些旅游住宅区在修建的过程中为追求美观，将原有的植被清除，代之以一些观赏植物；有些住宅的生活污水处理设施不合理。新建的住宅多为钢筋混凝土结构，在建造的过程中，对周围的土地和沿海公路也产生了一些不利影响。而且，商业性建筑落成后，生活垃圾也随之而来，注入海中造成海水污染。据统计，目前拉罗汤加岛海滩存在的问题中，有 63.8% 与旅游设施的建设有关。在北库克群岛，随着经济的发展，居民的生活方式和住宅也发生了较大变化，原来的茅草屋顶逐渐被抛弃，代之以西方式的钢筋混凝土与输入进来的木材。建设新居需要大量的沙石建材，导致沿海的沙石被大量开采，海岸受到侵蚀。另外，坡地的建筑开发加剧了山体滑坡现象，而且坡地开发产生的垃圾在雨季或涝灾时被冲到低洼的湿地，有时会堵塞湿地的排水系统而造成灾害。二是现代化机械的使用带来的弊病。库克群岛的农业目前已经开始普遍使用现代化机械，但现代化机械有时对植被造成的危害难以弥补。

二　环境治理与保护措施

（一）　库克群岛政府高度重视，将环境保护列入国家发展战略

库克群岛国家综合战略规划《2016～2020 年国家可持续发展

计划》中，一共列了16项国家发展目标，其中与环境保护和应对气候变化有关的占了5项。目标3为"改善可持续发展措施，实现固体垃圾与有害垃圾的有效管理"；目标4为"对水与公共卫生进行可持续管理"；目标11为"促进土地的可持续利用，对陆地生态系统实施可持续性管理，对生物多样性进行可持续性保护"；目标12为"对海洋、潟湖、海洋资源进行可持续性管理"；目标13为"加强气候变化与自然灾害的应对能力"。

库克群岛颁布了一系列法律加强环境保护，比较重要的如《1994~1995年拉罗汤加岛环境法》、《2003年库克群岛环境法》和《2004年公共健康法》等。对于环境治理与保护，库克群岛国内各部门实行分工负责，通力合作。如环境部负责相关政策和章程的拟定，卫生部负责保障公共健康及管理医疗废弃物，基础设施部则负责环保设施的建设。

2012年8月28日，库克群岛总理普那在太平洋岛国论坛开幕式上宣布库克群岛正式建立库克群岛海洋公园。库克群岛海洋公园面积为106.5万平方千米，是世界上最大的海洋公园，融环境保护与旅游、捕鱼、可持续深海活动于一体。

（二）与国际社会合作，共同应对环境问题

作为一个小国，库克群岛深知只依靠本国的力量难以成功应对环境问题，必须借助和依靠国际社会与区域组织的力量。在气候变化与环境保护问题上，库克群岛既寻求澳大利亚、新西兰、中国、美国、日本、加拿大等区域内或区域外大国的援助与支持，也注意与联合国、欧盟、亚洲开发银行、太平洋岛国论坛等国际组织或地区组织合作。

早在1994年，由加拿大基金资助的"塔乌塔库提塔"计划

（Ta'au Taku Tita）是旨在提升库克群岛人环保意识的一项教育和培训项目，主要通过媒体和散发卡片等形式向库克群岛民众宣传环保知识。加拿大还资助并帮助库克群岛实施海洋教育项目。2006 年，在亚洲开发银行的资助下，库克群岛在拉罗汤加岛建立了一处卫生垃圾填埋地。澳大利亚与新西兰政府也对库克群岛垃圾处理提供了资助。2011 年，联合国粮农组织委托中国专家对库克群岛土地退化评估工作提供相应的技术支持。

（三）复兴本土传统知识，弥补现代科技知识的不足

西方传教士到来之前，对于土地开发与环境保护，库克群岛有一套本土的传统知识，不过目前早已被更易见效的现代化机械和引进技术取代，除了传统的渔业知识还在应用外，传统的农业种植知识多已被民众忽视和遗忘。随着气候变化、食品安全、生物多样性问题及环境破坏等挑战的凸显，为了实现可持续发展目标，在以现代科技应对环境问题的同时，传统知识再度受到重视和关注，并在一定程度上付诸应用，以弥补现代科技知识的不足，更好地实现环境保护及可持续发展等目标。

在传统时代，库克群岛本土的阴历"阿拉坡"流传甚广，涉及农作物种植、捉鱼、捕蟹乃至人类与自然界的关系等知识。如传统观念认为，库克群岛岛民在种植红薯、芋头等块根型农作物时，必须在新月或满月之夜前将土地翻好并种植完毕，这样新月或满月之时的雨水会滋润新苗生长。如果在新月或满月之时才耕种，作物很容易被淹死。另外，传统知识崇尚人与自然的和谐，如对于各种类型的土地都是因地制宜，包括建造房屋的地点选择等，并不提倡通过人力进行强制性的改变。目前，库克群岛环境部与亚洲开发银行、南太平洋地区环境计划联手，推出"传统环境管理计划"

（Traditional Environmental Management Project）。该计划围绕库克群岛传统阴历"阿拉坡"，通过实地采访和调查研究，以库克群岛毛利方言广泛搜集相关资料，分析随着月相的变化，库克群岛"阿拉坡"知识中所包含的气候、季节、生物多样性之间的关联，并在库克群岛一些学校中传授相关知识。此外，库克群岛运用传统时代的"拉维"制度，重新设置了多个"拉维"区域，在生物多样性和资源保护方面收到令人满意的效果。

第六章

文 化

第一节　教育

一　教育简史

（一）西方势力进入之前的传统教育

库克群岛的教育源远流长。早在西方人到来之前，库克群岛实行的是库克群岛毛利人的传统教育模式，这是一种由库克群岛毛利人社区和家庭来共同完成的根植于社会生活实践的教育。传统上的库克群岛毛利人家庭一般由祖孙三代组成。孩子在幼年时期通常交由祖父、祖母抚养，祖父母也是孩子最初的老师。祖父母教给孩子本族语言，给他们讲库克群岛传统的故事、神话与传说。通过口耳相传，库克群岛传统文化得以传承。孩子长大后离开祖父母，跟着父母从事手工劳动。男孩一般跟着父亲学习建造房屋、捉鱼、养殖家禽、种庄稼等毛利人认为男子应当掌握的技艺。女孩跟着母亲以及一些女性亲戚学习做饭及制作垫子与篮子等编织技术。如果想熟练掌握诸如木雕、独木舟制造、文身、精工编制等技术，青少年还必须跟着部落与社区的专家学习。库克群岛毛利人社区有一些各个

行当的专家，在社区内他们备受尊重。这些专家在实际操作中传授给孩子们各种传统的技术。如农业专家一般做些气象、土壤、季节方面的指导，另外教授有关耕作、栽培、防护、收割、贮藏的具体技术。

（二） 殖民地时期的教育

19 世纪 20 年代，西方传教士的到来正式开创了库克群岛近代教育的先河，库克群岛的教育自此进入一个新的阶段。1821 年，伦敦宣教会传教士首次抵达库克群岛。19 世纪 30 年代初，库克群岛的传教士定居点基本建立起来，主岛拉罗汤加岛岛民已经深受传教士以毛利语布道、演讲及教会印刷品的影响，但外岛的情况差一些。传教士大力推行宗教教育，将赞美诗与《圣经》翻译成库克群岛方言，在库克群岛酋长等上层人物支持下兴建教堂，办教会学堂，向库克群岛岛民传授基督教教义、世界史、阅读与计算等知识，试图将库克群岛改变为一个基督教社会。因此，改变库克群岛毛利人原始宗教信仰势在必行，为了更有利于传教，发展教育也在西方传教士最初的计划之列。传教士认为，办学是吸收基督徒最好的手段之一。在库克群岛成为英国的"保护地"之前，传教士在此地发展教育的目的就是推进基督教化，所有的学校教育活动均围绕这一目标展开。这一时期，鉴于约翰·威廉姆斯初到库克群岛时通过本土传教士用毛利语传教大获成功，也为了抵制捕鲸者、贸易商等对土著居民的影响，因此，在这一时期，传教士并不采用英语授课，为获取岛上毛利人更大的支持，传教士所设立的学校主要由毛利人教师教授课程，教学语言也是库克群岛毛利语。通过学校教育，到 19 世纪末 20 世纪初，几乎所有的 10 岁以上的库克群岛儿童都能够以库克群岛毛利语阅读和书写。在整个 19 世纪，库克群岛的教育基本掌控在基督教会手里。甚至直到 20 世纪 50 年代，传教士仍然是库克群岛教育的主干力量，宗教教育在学校教学中占据重要地位，包括政府管理的公立学校。在 1839 年，传教士在拉罗汤加岛创建了专门培养神职人员的塔卡摩亚神学院（Takamoa Theological College），这是太平洋岛国地区第一座神学院。

库克群岛成为英国的"保护地"后，教育政策有所改变。1891 年，新西兰人弗雷德里克·莫斯被任命为英国库克群岛"保护地"的常驻专员。莫斯对库克群岛教育完全基督教化不满，认为这种教育过于脱离现实世界，提出库克群岛教育要适应工业化的挑战，库克群岛人要尝试与欧洲世界交往。之后，莫斯一改此前库克群岛学校教育只采用本土语言的做法，大力在库克群岛尝试推行免费的英语义务教育，这一做法得到库克群岛酋长的支持。1895 年，《公立学校法》（Public School Act）获得通过，该法规定，英语必须列入学校的课程之中。1895 年 1 月，库克群岛第一所中学——特里奥拉中学（Tereora College）建成，首次招生 50 人。尽管进入特里奥拉中学需要支付一定的学费，但入学者众多，尤其是酋长的孩子及富人子弟，该学校培养了不少库克群岛日后的精英人物。这一时期，受制于资金匮乏、宗教教派争斗及强制推行义务教育的困难，莫斯的建立在英语语言教学基础上的全面普及教育的蓝图并未得以实现。

1901 年，库克群岛被并入新西兰的领土，自 1901 年至 1965 年，库克群岛的教育受新西兰的影响较大。1901 年，格杰恩担任新西兰首任驻库克群岛专员，认为特里奥拉中学培养的库克群岛毛利人厌恶本土的耕种生活，热衷于进入白领阶层，且力图离开库克群岛移民新西兰。因此，格杰恩一反莫斯的教育政策，不仅将库克

群岛教育事务交还伦敦宣教会，而且完全恢复将毛利语作为教学语言。1912 年，库克群岛唯一的中学——特里奥拉中学因经费短缺，政府又不施以援手而被迫关闭。自此以后，库克群岛本土长期缺失中等教育，这种局面一直持续到 1954 年才宣告终结。不过，这段时期政府一般对挑选出来的优秀学生提供奖学金，资助他们到新西兰上中学。新西兰将库克群岛的教育事宜交付新西兰土著事务部管理。自 1909 年格杰恩卸任专员之职直到 1934 年，新西兰的几任土著事务部部长詹姆斯·卡罗尔（1909～1912 年任职）、毛伊·波马雷（1913～1928 年任职）、阿皮拉纳·纳塔（1928～1934 年任职）均为青年毛利党人。时任土著事务部部长认为毛利人学习诸如商业、科技类的课程是没用的，他们更适合使用双手操作的技术类课程，因此，在中等教育的课程设置上注重实际操作能力的一般课程，而对于向高等教育发展所需的学术性课程却没被纳入课程之中。

建国后，库克群岛致力于普及全民教育。自 20 世纪 60 年代建国伊始，借助于新西兰的援助，库克群岛政府将发展教育视为库克群岛实现经济腾飞和现代化的关键。在发展的进程中，库克群岛的教育也遭遇了一些波折及困境。20 世纪 90 年代中期，库克群岛陷入严重的经济危机。教师的工资最初被削减了 15%，之后一段时间甚至被削减了 50%。这导致大量优秀教师流失，移民至新西兰等地。一些偏远的岛屿本来就很难吸引来教师，教师的流失率更高。同时，经济危机也导致生源不足。库克群岛向外移民率较高，目前在新西兰、澳大利亚等地的库克群岛人约占库克群岛人数的80%。这也产生了一系列的问题。如库克群岛本土文化教育问题。由于海外教学语言多为英语，且移居海外的学生所接触到的各种媒体语言也主要是英语，学生的库克群岛本土语言水平严重下降。

2003 年，库克群岛议会通过了《2003 年毛利语法案》（Te Reo Maori Act 2003），库克群岛毛利语获得了与英语同等的地位，对于库克群岛教育发展及保护本土文化而言，不啻为利好政策。

二 教育概况

库克群岛的教育体制分为学前教育、小学教育、中学教育、职业教育、高等教育以及特殊教育。小学教育包括 1～6 年级，入学年龄为 5 岁。中学教育包括 7～13 年级，其中 7～10 年级为初中，11～13 年级为高中。库克群岛规定，对 5～15 岁的少年儿童实行免费义务教育。2011 年的人口普查显示，库克群岛在校生共 3953 人，年龄自 5 岁至 24 岁不等，其中男生 2008 人，女生 1945 人。81% 的学生就读于公立学校，私立学校的学生占 19%，不过在拉罗汤加岛，有 27% 的学生选择在私立学校就读。5～12 岁年龄段的儿童入学率接近 100%，之后随着年龄的增长入学率逐渐下降。13 岁和 14 岁儿童的入学率分别为 99% 和 98%，14 岁以上男生辍学率高于女生。大约 66% 的学生完成了中学 6 年级学业，只有 10.4% 的男生和 12.1% 的女生完成了中学 7 年级学业。2016 年，库克群岛共有学校 31 所（包括混合学校）[1]。库克群岛有幼儿园 25 所（1 所为独立幼儿园，10 所附属于小学，14 所附属于地区学校），小学 11 所，中学 4 所，地区学校 14 所。其中私立学校 8 所，5 所为教会学校。据 2016 年统计，库克群岛有教师 264 名，学生 4071 名，其中男生 2057 名，女生 2014 名。[2] 库克群岛与新西兰的教育

---

[1] 混合学校中有的是从幼儿园至高中一条龙，有的到初中。

[2] Ministry of Education, Cook Islands. Ministry of Education Statistics Report 2016, Cook Islands, p. 1.

系统联系密切，课程基本相同。和新西兰一样，对于 5～15 岁的孩子来说，教育是强制性的。因此，所有的孩子至少需要 10 年完成基本学业。政府已在所有的有人居住的 12 个岛屿上建立学校，为 1 年级至 10 年级的学生提供教育机会。政府对小学和初中都提供免费教育，并对私立学校给予一定的经济支持。学校每年有 4 个学期（圣诞节期间放假 6 星期，4 月、5 月放假 2 星期，7 月、8 月放假 2 星期，10 月放假 1 星期）。

受教育程度方面，根据库克群岛教育部的数据，2015 年学前教育儿童净入学率为 90%，小学净入学率为 98%，初中净入学率为 90%，高中净入学率为 69%。据 2011 年人口普查数据，库克群岛常住人口文盲率仅为 0.39%。

（一）学前教育

根据 2016 年统计结果，库克群岛全国学前教育机构共有教师 32 人，学生 528 人，师生比为 1∶17。2016 年，幼儿园的净入学率为 97%，其中男童净入学率为 94%，女童为 100%。毛入学率为 99%，其中男童毛入学率为 96%，女童毛入学率为 102%（含辍学后重新入学者）。库克群岛的旅游业、金融业、水产养殖业、商业活动发展迅速，劳动力匮乏。妇女的就业率日渐增高，解决儿童的看护问题成为政府和社会面临的重要问题，因而大量的学前教育机构应运而生。

（二）小学教育

库克群岛 2016 年统计结果显示，全国小学共有教师 107 人，学生 1858 人，师生比为 1∶17。2016 年，库克群岛小学的净入学率为 100%。毛入学率为 106%，其中男童毛入学率为 108%，女童毛入学率为 105%（含辍学后重新入学者）。

（三）中学教育

2016 年，库克群岛全国中学共有教师 125 人，学生 1685 人，师生比为 1∶14。2016 年，库克群岛初中净入学率为 89%，其中男生净入学率为 90%，女生为 88%。毛入学率为 95%，其中男生毛入学率为 97%，女生毛入学率为 94%（含辍学后重新入学者）。2016 年，库克群岛高中净入学率为 62%，其中男生净入学率为 56%，女生为 69%。毛入学率为 69%，其中男生毛入学率为 62%，女生为 77%（含辍学后重新入学者）。

（四）职业教育与高等教育

库克群岛的职业教育与培训主要由一些专业化的机构提供，库克群岛最主要的职业教育机构库克群岛高等培训学院成立于 2013 年，由库克群岛酒店与旅游培训中心、库克群岛贸易培训中心等学校合并而成，为拉罗汤加岛和外岛地区提供全日制和非全日制的职业培训、范围广泛的社区教育课程等。

南太平洋大学拉罗汤加分校是库克群岛最主要的一所高校，成立于 1975 年，最初位于拉罗汤加岛图帕帕（Tupapa）的公共卫生大楼，首任校长为纳威·皮尔森。通过和平卫星连线位于斐济的主校区进行远程教育，1979 年，学校搬到塔卡摩亚。1981 年，约翰·赫尔曼接任校长。2002 年 8 月，罗德·狄克逊接替赫尔曼担任校长一职至今。30 多年来，该校为库克群岛培养了 400 余位本科或硕士生。

（五）特殊教育

患有身体或精神残疾的小学生一般被纳入初等学校。库克群岛教育部为因残疾导致严重学习障碍的大龄学生提供专门教育，这些学生一般集中到那库帖尔（Nukutere）学院的特殊教育班学习。

三　教育管理体制

政府的公立学校由教育部统一管理，但每个公立学校都设有委员会，拟定自己学校的具体政策、战略规划与年度目标。私立学校都有自己的董事会。在库克群岛，私立学校与公立学校一样，从库克群岛全国教育经费中获得相同的份额。同时，无论公立学校还是私立学校，教师人数和所获教育经费都与招生人数挂钩，学校的财务审计必须公开。

库克群岛的教育得到澳大利亚和新西兰的大力支持，根据《库克群岛 2008～2023 年教育总体规划》，自 2008 年开始，澳大利亚和新西兰政府承诺在教育方面与库克群岛教育部、人力资源发展部、库克群岛投资公司以及财政部继续密切合作。

库克群岛重视教师的培训，如培训学院开设教师培训课程。所有接受培训的教师均可按照年龄与家属人数得到教育部的经济资助。库克群岛教育部还为南太平洋大学拉罗汤加分校的学生支付学费。

第二节　文学、艺术

一　文学

在西方人到来之前，库克群岛的文学以口传文学为主，属于波利尼西亚口传文学的有机组成部分。库克群岛口传文学内容广泛，形式多样。涵盖神话传说、民间故事、本土历史、家族谱系等，形式上包括口传诗歌、口传故事等，涉及诸如宇宙起源、部落由来、动物来历、家族关系等方面。这些口传文学世代流传，家喻户晓，但无文字记载。

西方传教士到来之后，将书写文化与印刷也带到库克群岛。一些库克群岛人开始记录其家族谱系与传统，但是流传下来的很少。一是自然原因，库克群岛气候炎热，空气潮湿，导致书写材料容易发霉腐烂，另外还有飓风等自然灾害破坏的因素。二是人为原因，主要是一些酋长或上层人士出于维护自己权力，将自己下属的作品收缴并付之一炬。不过，一些记录被传教士带到西方，流传至今。

1901～1965 年新西兰殖民统治时期，库克群岛的文学成就比较苍白，主要是一些新西兰或西方的传教士或作家创作的作品，本土作家极少。约翰尼·佛雷里斯比（Johnny Frisbie）的《来自普卡普卡环礁的尤利西斯小姐》（*Miss Ulysses from Pukapuka*，1948），用英语、库克群岛的拉罗汤加语和普卡普卡语混合写成，被称为"描写当地南海的第一部作品"。与此相类似的还有汤姆与利迪娅·戴维斯（Lydia Davis）合著的《岛上的医生》（*Doctor to the Islands*，1955）等。这一时期最重要的一部作品是后来成为库克群岛总理的汤姆·戴维斯于 1960 年推出的现实主义小说《玛库图》（*Makutu*）。该书立足于真实生活经历，从一名英国医生的视角观察了发生在斐鲁瓦利岛上的两种文化冲突。该书被认为是"第一部由当地南太平洋岛民写出的作品"，是"南太平洋文学史的一个里程碑"。

在殖民统治和传教士活动的基础上，一些传教士不再使用当地语言而是使用浅显的英语来进行写作，因此便出现了一些简易的英语读物。当时有两部描写个人和家庭历史的作品值得一提，均出自

约翰尼·佛雷里斯比之手，除了《来自普卡普卡环礁的尤利西斯小姐》之外，另一部是《南海的佛雷里斯比》。

二 艺术

（一）音乐与舞蹈

音乐与舞蹈是库克群岛人日常生活的组成部分，在婚礼、葬礼、祭祀仪式、节日酒宴、迎宾等活动中音乐更是必不可少。在库克群岛，有大量的专业演出团体，也有一些民间团体。在太平洋岛国地区，库克群岛人以能歌善舞著称，其音乐历史悠久，不仅体现了波利尼西亚民族的传统音乐特征，而且独具特色。其音乐和舞蹈一般与"文本"紧密相连：一般歌曲及基督教圣歌的歌词，部分取材于库克群岛的口头文学。库克群岛的主要音乐类型有鼓乐、圣歌演唱、伴有舞蹈的合唱队合唱、动作歌曲、有关传说或历史故事的戏剧表演。

库克群岛传统鼓乐所使用的鼓类乐器主要有"托克里"（Tokere）、"帕提"（Pate）、"塔基鲁阿"（Takirua）、"帕乌"（Pa'u）、"帕乌曼戈"（Pa'u Mango）和"提尼"（Tini）。其中，"托克里"、"帕提"和"塔基鲁阿"均是木裂鼓。一般用库克群岛盛产的桃花心木的树干作材料，把圆木在侧面打开缝，用工具通过刮、凿，包括用火烧的方法将圆形树干掏空而做成。三者之中，"托克里"最大，是一种双音木鼓，源于艾图塔基岛，也是库克群岛鼓乐乐队中的主奏乐器，鼓声低沉。"帕提"则最小，但鼓音高亢，主要流行于北库克群岛。"塔基鲁阿"中等，音高介于"托克里"与"帕提"之间。"帕乌"与"帕乌曼戈"均为皮面鼓，主要材料为桃花心木与山羊皮。"帕乌"是直径 60 厘米左右的大型双面鼓，"帕乌曼戈"则是单面鼓。"提尼"只在北库克群岛使用，实际上是装饼干的铁罐子，主要用来伴奏。在太平洋岛国地区，库克群岛传统鼓乐以节奏复杂独树一帜，最具特色。"托克里"负责演奏主要节奏，"塔基鲁阿"、"帕提"、"帕乌"和"帕乌曼戈"分别负责不同的节奏层。

库克群岛最具有代表性的民族舞蹈是草裙舞，与夏威夷的草裙舞相似，舞者的服装取材于当地植物的纤维。女子所戴饰品多为树皮、贝壳与椰子壳等。舞蹈风格欢快热烈，男性舞蹈多展现库克群岛人的勇武，女性的舞蹈则展现库克群岛人的美丽与热情。

（二）传统工艺

纤维编织品　库克群岛妇女的编织技术历史悠久，编织品闻名遐迩，主要用树皮等植物纤维编织成垫子、帽子、篮子等。比较受欢迎的如妇女戴的"里托帽"（Rito hat）是用露兜树或椰子树纤维编制而成的，帽子上编织各种复杂的图案，帽檐上一般缀有黑珍珠贝壳，在出入特殊或重要场合时，库克群岛妇女一般要戴这种帽子，这种帽子也深受旅游者的喜爱。库克群岛的彭林环礁盛产这种帽子。另外，阿蒂乌岛等外岛也出产树皮纤维布。色彩鲜艳的"帕鲁"（Pareus），可以作为沙滩服或者晚礼服，再搭配以黑珍珠贝壳配饰（腰带、手镯或者项链）。

提瓦瓦（Tivaevae）　提瓦瓦是一种采用拼布技艺制作的手工被单，是库克群岛最具特色的手工艺品之一，制作提瓦瓦是整个波利尼西亚地区特有的手工技艺。据传 19 世纪上半叶由西方传教士引入，逐步在波利尼西亚地区发扬光大。在库克群岛，制作提瓦瓦成为一种公共活动。目前，库克群岛提瓦瓦的面料主要是

棉布。

在制作提瓦瓦时，妇女们聚集在一起，共同构思图案，然后剪下图案贴在另一块布上。库克群岛的妇女至今仍经常举办提瓦瓦展览和编织比赛。按照库克群岛的习俗，提瓦瓦被认为是难以用金钱衡量的物品，它凝聚着制作者的真心、爱与耐心。提瓦瓦一般在重要场合作为特殊礼物被赠送，如母亲在女儿的婚礼上送给女儿自己精心制作的提瓦瓦。另外，在悼念死者时，死者的近亲和朋友一般将自己制作的提瓦瓦覆盖在死者的坟墓上，以示对死者的思念与敬重。同时，提瓦瓦也可以作为家庭装饰品或者用作被子。

珍珠纪念品　库克群岛盛产黑珍珠，被加工成的各种纪念品也被旅游者视为最浪漫的纪念品。库克群岛的黑珍珠大小和形状不一，均按大小、形状、表面的纹理、颜色以及光泽度进行分级。按照形状可以分为圆形、梨形、纽扣形、泪滴形、圆环形。彭林环礁还出产世界上罕见的天然金珍珠。

雕刻艺术　库克群岛人的雕刻艺术源远流长，尤其是木雕工艺。目前库克群岛珍藏的历史上流传下来的木雕工艺精品多以原始宗教神像为主，也有岛民雕像。如艾图塔基岛的木雕《隆戈人及三子》，该作品重叠式群雕像人物造型夸张离奇，构图富于层次感，所塑人物四肢细小，头部突出，躯干粗大。芒艾亚岛的木雕《神像权杖》雕刻手法细腻，造型复杂，顶端还雕刻着无数个小神像。另外，拉罗汤加岛的木雕《立像》与《神像权杖》也是大洋洲木雕艺术的精品。目前，旅游者在库克群岛商店与集市上常见的木雕多是库克群岛人崇拜的大神"坦加罗阿"、海神、富饶之神等。

第三节　体育

一　主要体育运动

体育运动是库克群岛人民生活的重要组成部分。在库克群岛，体育运动的主管组织是国家体育部以及库克群岛体育及国家奥林匹克委员会。库克群岛政府为各类体育队伍提供相关经费，支持他们赴海外参赛。库克群岛也非常重视让妇女更多地参与体育运动，为此专门设立一个体育界妇女委员会，由性别问题与发展处处长、媒体代表、青年问题处处长、残疾人委员会代表和库克群岛投球协会会长、库克群岛国家妇女委员会主席组成。

库克群岛人喜欢体育运动，就全国而言，库克群岛人参与的体育活动有 30 多种，包括英式橄榄球、联合式橄榄球、联盟式橄榄球、篮网球、足球、板球、网球、保龄球、高尔夫、田径、帆船、室内篮球、飞镖、划独木舟、举重、拳击、乒乓球、排球和壁球等。库克群岛在 2005 年主办了世界经典投球锦标赛，在 2009 年承办了第 8 届太平洋小型运动会。

英式橄榄球是库克群岛人非常喜爱的一项运动。目前，仅在拉罗汤加岛，就有 6 个村庄英式橄榄球俱乐部。全国共有约 1400 名英式橄榄球参与者。据记载，库克群岛英式橄榄球赛事可追溯至 1924 年，当时新西兰大名鼎鼎的"全黑队"（All Black）在结束赴英国巡回比赛回国之际，在库克群岛首都阿瓦鲁阿与一支当地球队进行了一场比赛。自此直到 1954 年拉罗汤加英式橄榄球联合会（Rarotonga Rugby Union，RRU）成立，库克群岛英式橄榄球比赛

均是在拉罗汤加岛的 6 个当地村庄之间举行。1989 年，拉罗汤加英式橄榄球联合会与 14 个外岛的橄榄球团体组建库克群岛橄榄球联合会（Cook Islands Rugby Football Union）。1995 年 3 月，库克群岛橄榄球联合会获得国际橄榄球理事会的认可，成为其正式成员。1971 年，库克群岛参加第一场正式的英式橄榄球国际赛事，与西萨摩亚队对垒，结果以 18∶21 告负。1981 年，库克群岛国家队在一场巡回赛中，以 15∶9 击败了意大利国家队。1983 年，库克群岛国家队在南太平洋运动会上负于汤加队，获得第 4 名。1985 年，库克群岛国家队在南太平洋小型运动会上获得冠军。2013 年，库克群岛国家队击败巴布亚新几内亚队，赢得大洋洲杯赛的冠军。不过，在 2014 年 6 月 28 日，库克群岛国家队以 6∶108 的比分惨败给斐济队，痛失进军世界杯的名额。

拉罗汤加海滩度假村（Rarotongan Beach Resort）、艾治沃特度假酒店（Edgewater Resort）、穆里海滩均建有网球场，其中艾治沃特度假酒店网球场还有网球方面的专业教练提供指导与培训。为迎接第 8 届太平洋小型运动会，首都阿瓦鲁阿的尼考（Nikao）在 2009 年也新建了一座网球场，对国内外游客开放。

在阿瓦鲁阿的圣约瑟夫天主教堂后面为拉罗汤加壁球俱乐部。艾治沃特度假酒店里面也有一个壁球中心，有 4 块壁球场地。每年的 10 月至 11 月，库克群岛都会举行壁球公开赛，外国选手也可以报名参加。

位于首都阿瓦鲁阿的拉罗汤加保龄球俱乐部有一个符合国际标准的草地保龄球场。库克群岛每年举办拉罗汤加业余高尔夫球公开赛。在拉罗汤加岛西北部建有一个九洞高尔夫球场。

库克群岛人非常喜欢帆船运动。拉罗汤加帆船俱乐部的会员们每个星期六都在穆里的帆船餐厅会合，在穆里的潟湖里驾驶太阳能帆船和传统的独木舟。

库克群岛所举办的知名赛事有环拉罗汤加岛公路赛跑，这是一个年度赛事，环绕拉罗汤加岛的公路赛里程约 31 千米，一般在每年 9 月举行，此赛事集娱乐性与竞技性于一体，参赛者有旅游者、专业运动员等。另外还有"瓦卡艾瓦"（Vaka Eiva）赛艇运动会，这是一项世界级的赛事，每年 10 月举行。

二 国际赛事

自 1987 年成为国际奥林匹克委员会会员后，库克群岛参加了之后的历届夏季奥运会，从未参加过冬季奥运会，目前在奥运奖牌榜上未能实现零的突破。

1988 年库克群岛首次组队参加了汉城奥运会，库克群岛派出 7 位运动员参赛，分别是女子短跑选手艾琳·蒂尔妮（Erin Tierney），男子 800 米选手威廉·塔拉麦（William Taramai），拳击选手特里派·玛雅（Terepai Maea）、扎卡里亚·威廉姆斯（Zekaria Williams）、理查德·皮特曼（Richard Pittman），举重选手约瑟夫·考夫艾（Joseph Kauvai）、迈克·特里瑞（Mike Tererui）。1992 年的巴塞罗那奥运会，库克群岛共派出 2 名运动员参赛，即短跑选手马克·舍温（Mark Sherwin）、举重选手萨姆·纳努克·佩拉（Sam Nunuke Pera）。在 1996 年的美国亚特兰大奥运会上，除了参加过巴塞罗那奥运会的马克·舍温、萨姆·纳努克·佩拉外，帆板选手图里亚·沃格尔（Turia Vogel）初登奥运赛场。在 2000 年的悉尼奥运会上，帆板选手图里亚·沃格尔再次亮相帆板赛场，另外年仅 17 岁的小将蒂纳·泰提（Teina Teiti）参加了男子百米比赛。2004 年的雅典

奥运会，库克群岛共派出 3 名运动员参赛，举重选手萨姆·纳努克·佩拉再次参赛并担任奥运会开幕式旗手，另外还有短跑选手哈蒙·哈蒙（Harmon Harmon）与女子铁饼选手泰勒阿披·塔坡基（Tereapii Tapoki）。2008 年的北京奥运会，库克群岛共有 4 名运动员参赛，19 岁的举重选手萨姆·佩拉（库克群岛著名举重选手萨姆·纳努克·佩拉的儿子）初登赛场并担任奥运会开幕式旗手。在 2012 年的伦敦奥运会上，库克群岛共有 8 名选手参加了田径、赛艇、帆船、举重等项目的角逐。威廉·塔拉麦担任了奥运会开幕式旗手。2016 年的里约奥运会，库克群岛派出有史以来规模最大的奥运代表团，共有 9 名运动员参赛，女子皮划艇选手艾拉·尼古拉斯（Ella Nicholas）担任奥运会开幕式旗手。

第四节　新闻出版

一　广播电台

库克群岛全国目前共有 6 个广播电台。其中库克群岛广播电台（Radio Cook Islands）归伊利亚通信公司（Elijah Communications）所有，伊利亚通信公司于 1994 年在新西兰以慈善基金信托的形式注册，其背后的总公司为全球最大的宗教网 TBN。库克群岛广播电台是全国最大的广播电台，该电台的调幅信号遍及库克群岛全国 15 个岛屿，用英语与库克群岛毛利语广播，周五与周日每天播音 18 个小时，其他时间每天播音 17 个小时。93 FM 广播电台其实是库克群岛广播电台的延伸；伊库兰基广播电台（Radio Ikurangi）是由基督复临派开办的，另外，基督复临派塔卡纳第三广播电台

（Adventist Radio TKANA 3）也归该教派所有；88FM 广播电台隶属图穆泰瓦洛瓦罗数字化有限公司（Tumutevarovaro Digital Factory Limited），该公司由一个名叫尼克·亨利（Nick Henry）的库克群岛本地人开办；玛塔里基 FM 广播电台（Matariki FM）归一个土生土长的库克群岛播音员威廉·弗兰汉姆（William Franheim）所有。收音机在库克群岛十分普及，尤其是在外岛。

二 电视台

库克群岛共有三个电视台。最主要的是库克群岛电视台（Cook Islands Television），该电视台也归伊利亚通信公司所有。该电视台一天 24 小时播放节目，除播放当地新闻、转播新西兰电视新闻外，也播放美国和澳大利亚的节目。近年来也开始播放来自斐济、韩国与中国的节目。其他两家电视台为地方台。

三 报纸

库克群岛目前共有 3 家报纸，即《库克群岛新闻》（*Cook Islands News*）、《库克群岛先驱报》（*Cook Islands Herald*）、《独立报》（*Independent*）。这三份报纸均用英文出版，但有的版面有时也使用库克群岛毛利语。《库克群岛新闻》是库克群岛唯一的日报，发行量约 2000 份，是全国发行量最大的一份独立报纸。创始于1944 年，最初为单页报纸，在 20 世纪 60 年代发展为多页版报纸。从周一到周六印刷发行，报道当地新闻及国际消息。该报纸在线版择取印刷版的精华，每周三进行更新。《库克群岛先驱报》与《独立报》均为周报。《库克群岛先驱报》源自库克群岛一档电视节目，后于 2000 年改以报纸的形式出版。目前该报于每周三印刷发

行，发行量约 1300 份，同时也拥有在线版。《库克群岛先驱报》
与《独立报》都归伊利亚通信公司所有。

四　互联网

由于岛屿分散，地狭人稀，库克群岛的网络比较落后。库克
群岛共有三家互联网服务供应商，最主要的互联网服务供应商是
"牡蛎"公司（Oyster），该公司是库克群岛电信公司的分支。拉
罗汤加岛是全国唯一上网较为方便的岛屿，但网速不够快。尽管
芒艾亚岛、艾图塔基岛、阿蒂乌岛、毛凯岛、米蒂亚罗岛、彭林
环礁、马尼希基环礁、拉卡杭阿环礁、普卡普卡环礁均有网络服
务，但网速慢、网点少。库克群岛一般民众认为，使用宽带网过
于奢侈。

对于广播、影视、媒体等，库克群岛也出台了相关法案进行
审查。《1985 年电影与检查制度法案》规定，禁止未成年人观看
限制级的电影，首席检察员有权根据下列几种因素认定任何电影
或者录像是否不利于公众的利益或违反公共秩序：电影描写、含
有或者论述反社会的行为、暴力、犯罪、性、冒犯性语言或者行
为的范围、程度、方式，以及涉及种族歧视、宗教信仰、性别歧
视等。库克群岛《1989 年广播法案》对相关的广播、影视等节
目规定了一些准则，该法案认为，向 18 岁以下的库克群岛公民
销售、发放、供给、展示任何内容粗俗的文件或者录音资料均为
犯罪。该法案从几个方面对节目准则做了规定：挑战库克群岛社
会标准的资料；对性行为、暴力行为和药物使用的描述；对文
化、教育、宗教、教育、信息、纪录片以及时事节目的时间
分配。

第七章

外　交

第一节　外交概况

　　根据 1965 年库克群岛宪法，库克群岛在外交事务上对新西兰存在依赖关系。但法律同时规定，库克群岛政府有权接受外国大使，并直接与外国政府和国际机构打交道。自 1965 年库克群岛建国起相当长时期内，库克群岛的外交事务主要由新西兰处理。1965 年，库克群岛建国时即设立"主管海外事务部部长"（Minister in Charge of Overseas Affairs）一职，实际上该职位一直由首任库克群岛总理阿尔伯特·亨利兼任，并无实质性的机构存在，所有对外事务均由库克群岛总理事务部处理。1967 年，"主管海外事务部部长"职位改为"对外事务部部长"，1972 年，该职位名称调整为"主管对外事务部部长"。1974 年，库克群岛总理事务部进行了调整，下设三个处：对外事务处、外岛事务处、中央行政管理处。对外事务处的职责就是协助总理处理对外事务。1977 年，对外事务处合并入新组建的计划与对外事务部。1978 年，库克群岛开始在海外设办事处，派驻专员和领事，库克群岛外交掀开了新篇章。

自 20 世纪 80 年代以来，库克群岛积极拓展外交空间，在国际舞台上积极发出自己的声音。新西兰也鼓励库克群岛与其他国家建立广泛的联系。在创立南太平洋无核区的过程中，库克群岛强烈主张南太平洋地区无核化。1985 年 8 月 6 日，参加南太平洋论坛第 16 届年会的 13 个国家齐聚库克群岛的拉罗汤加岛，签署了《南太平洋无核区条约》（《拉罗汤加条约》）。1995 年，法国在南太平洋穆鲁罗阿环礁恢复核试验，库克群岛总理汤姆·戴维斯对此提出强烈谴责，并派出一艘载有库克群岛传统武士的瓦卡独木舟奔赴附近海域示威抗议。2001 年，库克群岛与新西兰签署《库克群岛与新西兰关系间原则的联合世纪声明》（Joint Centenary Declaration of the Principles of the Relationship between New Zealand and the Cook Islands）。声明重申，"在外交事务中，库克群岛作为一个主权国和一个独立国家与国际社会交往"，"库克群岛政府拥有独立地与外国政府、地区及国际组织签署条约和国际协议的资格"。

截至 2016 年 1 月，库克群岛已与 44 个国家建立了正式外交关系。另外，库克群岛既是世界卫生组织、国际民航组织、世界气象组织、国际海事组织、国际红十字会、亚洲开发银行等国际组织的成员，也是太平洋共同体、太平洋岛国论坛、非加太集团等地区组织的成员。同时也是英联邦与联合国亚太经社会联系成员国。不过，库克群岛至今仍不是联合国成员国。

在外交政策上，库克群岛一直注意保持与新西兰以及澳大利亚等本区域内大国的传统关系；积极参与国际与地区多边组织；倡导地区和平与无核化；近年来也很注重发展与东亚国家的关系。

第二节 与澳大利亚、新西兰的关系

一 与澳大利亚的关系

澳大利亚是大洋洲头号大国，出于安全需求与地缘政治、经济因素，库克群岛重视发展与澳大利亚的关系。目前，库克群岛在澳大利亚新南威尔士州费尔莱特市设有领事馆。澳大利亚虽未在库克群岛本土设专门的官方外交机构，但有关库克群岛的外交事务由澳大利亚驻新西兰大使馆兼管。

库克群岛在防务上主要依赖澳大利亚和新西兰。近年来库克群岛与澳大利亚的经济、政治交往稳步向前发展。据澳大利亚官方统计，2013/2014 财年库克群岛自澳大利亚的进口额达 750 万美元。澳大利亚 2016/2017 财年对库克群岛的官方援助约 310 万美元。据澳大利亚外交通商部预测，2017/2018 财年澳大利亚对库克群岛的援助将达到 320 万美元。[①] 援助主要用于改善库克群岛的污水系统和提高潟湖水的质量，以使库克群岛人用上更洁净的水。另外，澳大利亚也比较关注库克群岛的教育和性别问题。

政治上，双方政要互访频繁。2014 年 5 月，澳大利亚外交事务和贸易议会秘书、参议员布里特·马森（Brett Mason）访问库克群岛，并与库克群岛总理普那进行了双边会谈。2015 年 3 月，澳大利亚外交部长毕晓普造访拉罗汤加岛，与库克群岛总理普那晤谈并启动新科伦坡计划，这是澳大利亚外交部长首次访问库克群岛。

① http：//dfat. gov. au/geo/cook – is.ands/development – assistance/Pages/development – assistance – in – cook – islands. aspx.

2015 年 8 月，澳大利亚副总理特拉斯（Truss）赴库克群岛庆祝其自治 50 周年，并与库克群岛副总理海斯（Heather）、总理普那会谈，这是澳大利亚副总理首访库克群岛。

二　与新西兰的关系

库克群岛曾是新西兰的殖民地，目前库克群岛是新西兰的自由联系国，双方在政治、经济、安全、文化上均保持着特殊的密切关系。库克群岛与新西兰保持着特殊的自由联系关系，《（新西兰）1977 年公民法案》规定库克群岛人民同样是新西兰公民。作为新西兰公民的库克群岛人，与其他的新西兰公民同样享有在新西兰居住、工作以及受教育等权利。但库克群岛人无权参加新西兰大选投票以及享用新西兰的福利，除非他们确实居住在新西兰。

目前有 6 万余名库克群岛毛利人生活在新西兰。库克群岛与新西兰在政治上高层往来频繁，并形成了定期交流机制。2001 年，库克群岛与新西兰签署《库克群岛与新西兰关系间原则的联合世纪声明》，规定双方举行定期的部长级会议以加强两国的宪法关系及探讨涉及双方国家利益的经济发展及外交事务。2011 年，库克群岛总理亨利·普那赴新西兰奥克兰参加太平洋岛国论坛。2012 年 3 月，库克群岛财政部长马克·布朗（Mark Brown）访问了惠灵顿。2013 年，库克群岛总理亨利·普那、财政部长马克·布朗、渔业部长特纳·毕晓普（Teina Bishop）赴新西兰昆斯敦参加了两国间的部长级联合会议。2014 年 4 月，新西兰外交及体育部长默里·麦卡利（Murray McCully）因太平洋能源合作问题与欧盟发展事务专员安德里斯·皮耶巴尔格斯（Andris Piebalgs）共同访问了库克群岛。2015 年 8 月 5 日，新西兰总理约翰·基访问库克群岛，

参加库克群岛 "宪法日" 暨国庆 50 周年活动。新西兰海军舰艇 "奥塔哥号" 在拉罗汤加岛外海鸣响礼炮, 为库克群岛 "宪法日" 庆典助兴。2016 年 3 月, 新西兰外交部长默里·麦卡利访问库克群岛, 参加 2016 年度的库克群岛—新西兰联合部长级论坛。2016 年 11 月, 库克群岛内政部长和体育部长阿尔伯特·尼古拉斯参加了在新西兰举行的太平洋议会论坛 (The Pacific Parliamentary Forum)。

新西兰一直将库克群岛作为对外援助的重点, 主要援助方向为提供财政补贴、发展农牧林业、提供卫生保健、保护资源环境、保护文化遗产及开展人员培训等。2003 年 8 月, 新西兰设立 "太平洋合作基金"。2004 年 4 月, 新西兰总理克拉克以轮值主席身份主持太平洋岛国论坛领导人特别会议, 制定帮助岛国发展的 "太平洋计划"。新西兰是库克群岛最大的援助来源国及第一大进口贸易国。2011/2012 财年, 新西兰对库克群岛的援助预算为 1900 万新元。[①] 2014 年新西兰援建一座装机容量为 1 兆瓦的太阳能发电站, 满足拉罗汤加岛 5% 的年用电量。2015 年新西兰在北库克群岛的 6 个岛屿上建造太阳能发电站, 满足了这些岛屿 95% 的用电量。[②] 相当于每年减少 60 万升的柴油消耗, 每年能够减少 1600 吨的温室气体排放。2015 年, 库克群岛与新西兰的贸易总额为 9843 万美元, 其中库克群岛进口贸易额为 9817 万美元, 库克群岛对新西兰的出口贸易额为 26 万美元。2015/2016 年度, 新西兰对库克群岛的援助达到 2520 万美元。[③]

[①] 《世界知识年鉴》编辑部编《世界知识年鉴 (2012~2013)》, 世界知识出版社, 2013, 第 959 页。

[②] https：//www. mfat. govt. nz/en/aid – and – development/our – work – in – the – pacific/cook – islands/.

[③] 新西兰外交事务与贸易部网站, https：//www. mfat. govt. nz/en/countries – and – regions/pacific/cook – islands/, 2016 年 1 月 15 日浏览。

　　双方关系在向前发展的同时，也难免出现一些摩擦。库克群岛对过于依赖新西兰的状况并不太满意。与中国建交后，时任库克群岛总理杰弗里·亨利曾言，"把库克群岛的未来完全拴在一个国家身上的日子一去不复返了"。① 在加入联合国问题上，双方也有争执。库克群岛早就参加了联合国下设的开发计划署、教科文组织、粮农组织等，但至今仍不是联合国成员国。2015 年 6 月，库克群岛总理普那与新西兰总理约翰·基商谈库克群岛谋求加入联合国事宜。新西兰认为，库克群岛如若加入联合国，继续保持库克群岛与新西兰目前的宪法关系不变是不可能的。新西兰驻库克群岛外交人员见表 7 - 1、表 7 - 2、表 7 - 3。

表 7 - 1　新西兰驻库克群岛高级公署专员（1965 ~ 1976）

任职时间	姓名
1965. 8. 4 ~ 1965. 11. 18	阿尔伯特·奥利弗·戴尔（Albert Oliver Dare）
1965. 11. 18 ~ 1972. 11. 16	莱斯利·詹姆斯·戴维斯（Leslie James Davis）
1972. 11. 16 ~ 1975. 1. 19	乔治·詹姆斯·布罗克赫斯特（George James Brocklehurst）
1975. 1. 19 ~ 1976. 2. 10	空缺

表 7 - 2　新西兰驻库克群岛外交代表（1976 ~ 1993）

任职时间	姓名
1976 ~ 1978	特伦斯·C. 奥布赖恩（Terence C. O'Brien）
1978 ~ 1980	布莱恩·威廉·彼得·艾博索鲁姆（Brian William Peter Absolum）
1980 ~ 1982	林赛·约翰斯通·瓦特（Lindsay Johnstone Watt）
1982 ~ 1985	保罗·A. J. 蒂平（Paul A. J. Tipping）
1985 ~ 1987	兰斯·A. 比思（Lance A. Beath）
1987 ~ 1990	艾德里安·乔治·斯穆考克（Adrian George Simcock）
1990 ~ 1993	蒂姆·考利（Tim Caughley）

① Tamara Renee Shie, Rising Chinese Influence in the South Pacific: Beijing's "Island Fever", *Asian Survey*, Vol. 47, No. 2 (March/April 2007), pp. 307 - 326.

表 7 - 3　1993 年以来新西兰驻库克群岛高级公署专员

任职时间	姓名
1993～1994	蒂姆·考利（Tim Caughley）
1994～1997	达瑞尔·邓恩（Darryl Dunn）
1997～1998	詹姆斯·凯姆（James Kember）
1998～2001	罗勃·摩尔－琼斯（Rob Moore-Jones）
2001～2005	库尔特·迈耶（Kurt Meyer）
2005～2008	约翰·布莱恩（John Bryan）
2008～2009	索菲·维克斯（Scphie Vickers）（代理）
2009	蒂亚·巴雷特（Tia Barrett）
2009～2012	尼古拉·恩加维蒂（Nicola Ngawati）（代理）
2012～2016	尼克·赫尔利（N:ck Hurley）
2016～	彼得·马歇尔（Peter Marshall）

资料来源：新西兰外交事务与贸易部、新西兰 Scoop 网站等。

第三节　与日本、印度的关系

一　与日本的关系

日本于 2011 年 3 月和库克群岛建交。为谋求太平洋岛国在国际政治事务中对日本的支持以及出于经济方面的考虑，日本近年来重视发展同库克群岛等太平洋岛国的关系。

2013 年，日本向库克群岛捐赠 3000 万日元。截至 2013 年，日本向库克群岛共捐赠 1.09 亿日元。2013 年日本为两国技术合作项目投入 1100 万日元。截至 2013 年，日本共投入 8.23 亿日元与库克群岛进行技术合作。① 为加强日本与太平洋岛国的关系，日本

① http：//www. mofa. go. jp/a_ o/ocn/ck/page23e_ 000308. html.

从 1997 年开始，每三年举办一次由日本主导的日本—太平洋岛国领导人峰会（PALM）。日本将在 2016～2018 年内向太平洋岛国提供至少 4.5 亿美元的援助。[①]

政治方面，两国交往比较频繁。2012 年，日本外务副大臣中野让造访库克群岛；2015 年，安倍晋三派遣众议院议员樱田孝义作为首相特使参加库克群岛自治 50 周年庆祝活动。库克群岛总理普那分别于 2011 年、2012 年、2013 年、2015 年参加日本—太平洋岛国领导人峰会。

二 与印度的关系

库克群岛与印度在 1998 年正式建立外交关系。最初，印度驻新西兰高级专员兼管与库克群岛的外交事务。1999 年，印度向斐济派驻高级专员后，印度与库克群岛的外交事务转由驻斐济高级专员负责。

印度与南太平洋地区的往来历史悠久，加之近年来莫迪政府大力实施"东进行动政策"（Act East Policy），印度与库克群岛等太平洋岛国的关系进一步加强。2005 年，印度向库克群岛提供了价值 5 万美元的项目资助。2006 年，印度在太平洋岛国论坛会后对话会上承诺，每年向库克群岛等除澳、新外的太平洋岛国论坛每个成员提供 10 万美元的经济援助，2009 年后，资助金额提升至 12.5 万美元。另外，印度政府还向库克群岛外交与移民部、财政与经济管理部提供电脑及配件，资助库克群岛审计处采购审计软件。

2014 年 11 月，印度总理莫迪访问斐济，并会见了包括库克

---

① http：//finance. ifeng. com/a/20150525/13729239_ 0. shtml.

群岛在内的 12 个太平洋岛国的首脑，库克群岛与印度的关系进一步加强。2015 年 8 月 21 日，库克群岛总理普那参加了在印度斋普尔举行的第二届印度—太平洋岛国论坛。论坛旨在落实印度总理 2014 年访问斐济期间与太平洋岛国拟定的合作项目，涉及农业、太阳能、食品加工业、空间合作、应对气候变化、渔业等领域。印度承诺将向库克群岛等每个太平洋岛国的 200 户家庭提供太阳能电力。

第四节　与中国的关系

一　两国关系简史

中国与库克群岛的交往始自近代时期，当时西方殖民者为了开发殖民地以及掠夺太平洋岛屿资源，从中国招募契约华工，也有少量华人赴库克群岛从事商业活动。近代赴库克群岛的华工人数有限，多为客家人。据记载，最早一批踏上库克群岛土地的华工来自塔希提岛，他们在 1882 年来到库克群岛从事酒类贸易，在 1885 年库克群岛和新西兰有了定期海上航运之后，华商也在库克群岛收购椰干，然后转运到新西兰进行贸易。1895 年，英国驻库克群岛专员在拉罗汤加岛进行的人口普查表明，当时拉罗汤加岛居民总共 2500 人，其中华人 11 人，另有 38 个华人混血儿。① 库克群岛毛利人称呼华人与当地人结合所生的后代为"混血华人"（part-Chinese）或"泰尼陶"（Tinito）。

---

① Richard Gilson, *The Cook Islands 1820 – 1950*, Victoria University Press, 1980, p. 78.

1898 年，库克群岛议会通过了《1898 年亚洲人限制法》。1900 年，新西兰总理理查德·塞登在访问库克群岛时号召限制华人移民。在塞登访问之后，《1900 年亚洲移民限制法》取代了《1898 年亚洲人限制法》，将亚洲人入境人头税由原先的 25 英镑提升至 100 英镑。新西兰派往库克群岛的常驻专员格杰恩在 1902 年采用贸易许可证制度限制华人商店的发展。1901 年 3 月的人口普查结果显示，拉罗汤加岛华人仍为 11 人，且有 10 人年龄在 40 岁以上。库克群岛第一代华人的后裔即混血华人并未在中国接受过教育，对中国文化所知甚少，已经完全融入当地社会和文化。库克群岛并未产生华人社团与社区，一直到今天也是如此。

自 1997 年双方正式建交以来，两国关系逐渐向全面、深入发展。1998 年 11 月，库克群岛总理杰弗里·亨利正式访华，两国签署《中库政府贸易协定》。2004 年 4 月，库克群岛总理温顿访华，受到胡锦涛主席和温家宝总理的接见，双方签署了《中华人民共和国政府和库克群岛政府经济技术合作协定》。同年 8 月，中国将库克群岛列入中国公民出国旅游目的地。2012 年 8 月，库克群岛、中国、新西兰共同发布《关于库克群岛供水合作项目的声明》。2014 年 11 月 22 日，中国国家主席习近平在斐济楠迪与库克群岛总理普那举行双边会晤，表示中方愿同库克群岛加强合作，争取在渔业、矿业等领域促成更多合作，推动中国在太平洋岛国地区开展的第一个三方合作项目——拉罗汤加岛供水工程早日完工；在库克群岛开设孔子学院，促进两国人文交流；两国同意建立相互尊重、共同发展的战略伙伴关系。2015 年 8 月 3 日至 6 日，中国驻新西兰兼驻库克群岛大使王鲁彤作为中方代表赴库克群岛出席库"宪法日"50 周年庆典。

二 主要合作领域

随着中国、库克群岛双方政治关系的顺利发展，两国在经济、文化等领域的交流与合作也在不断扩大。

（一）经贸合作

中库两国近年来经贸合作进展顺利，取得较大成绩。中国目前已经成为库克群岛最主要的贸易出口国之一，也成为库克群岛8大旅游客源国之一。2014年3月27日，中国和库克群岛签署了中国援助库克群岛珍珠养殖设备项目的换文；2014年6月6日，中国与库克群岛签署了中国援助库克群岛外岛重型机械设备项目的换文。拉罗汤加岛供水工程是库克群岛自1974年国际机场建设后最大的单项基建工程，中国向该项目提供约1.5亿元人民币的政府优惠贷款，且该工程主要由中国派遣工程师和工人参与建设。库克群岛总理普那认为，这一项目为太平洋岛国地区经济合作和可持续发展开创了新的合作模式，对库、中、新三国乃至本地区都意义重大。2015年，拥有22条渔船、总吨位已经达到5600吨的深圳华南渔业有限公司是在库克群岛海域最大的船队，该公司计划在库克群岛建设远洋渔业基地。[①] 2015年，库克群岛等8个太平洋岛国组团赴东莞参加"海博会"，并对"一带一路"倡议表示支持以及看好未来合作的前景。

（二）人文交流

2010年8月，库克群岛副总理罗伯特·威格莫尔来华出席上海世博会库克群岛国家馆日活动。2015年，来自库克群岛等国的

---

① 祁雷：《粤企进库克群岛带来合作共赢》，《南方日报》2015年5月14日。

太平洋岛国记者团来到中国，通过专题讲座、媒体实习、实地采访等方式，考察"一带一路"实施进展情况，亲身感受中国经济社会发展。2011 年 8 月，广东省文艺代表团赴库克群岛演出，并参加库克群岛"宪法日"活动。2011 年 11 月，库克群岛文化发展部长希瑟率团出席广东国际旅游文化节。2012 年 10 月，广东医疗代表团赴拉罗汤加岛进行短期巡诊。2015 年 8 月 3 日，深圳艺术团赴库克群岛参加库克群岛"宪法日"50 周年庆典，为库克群岛观众献上具有浓郁中国文化特色的大型综艺晚会《欢庆太平洋》。①2015 年 10 月 8 日，南太平洋大学库克群岛校区孔子课堂揭牌。2015 年 10 月 27 日，中国驻太平洋岛国特使杜起文与库克群岛总理普那签署协议，中国将向库克群岛提供 680 万美元援建阿匹依·阿帕中学。②

（三）安全领域

中、库两国在安全领域的合作微乎其微。2015 年 8 月 31 日至 10 月 12 日，新西兰、中国、美国、英国共同参与了在库克群岛的彭林环礁与马尼希基环礁进行的"热带曙光"人道主义救援减灾多边联合演习。③ 该演习主要由新西兰政府和库克群岛外交部主办，主要检测新西兰军队在与外国军队协同合作情况下的搜救能力。

三 存在的问题

目前外资进入库克群岛的门槛比较高，中国资本要进入库克

---

① 谢晨星：《库克群岛总理点赞深圳艺术家》，《深圳特区报》2015 年 8 月 5 日。
② http：//pidp. eastwestcenter. org/pireport/2015/October/10－28－07. htm.
③ http：//www. radionz. co. nz/international/pacific － news/286660/military － exercise － upgrades － isolated － cook － island － atolls.

群岛必须符合其法律要求。另外，库克群岛人手较少，批准手续较复杂。这些都是国内企业在库克群岛开展投资需要注意的事项。

第五节 与美国、欧盟的关系

一 与美国的关系

库克群岛比较重视与美国的关系。美国游客是库克群岛旅游业的一大客源，而且库克群岛距离夏威夷较近，夏威夷是库克群岛主要的出口贸易地之一。

早在二战时期，美国军队在太平洋上与日军鏖战，美国军方曾将库克群岛的一些岛屿修建成后勤基地。

1980年6月11日，经过多年谈判，库克群岛与美国签订《美利坚合众国和库克群岛关于友好和划定美利坚合众国和库克群岛之间海洋边界的条约》。起初，美国根据19世纪美国捕鲸船曾登陆马尼希基环礁、拉卡杭阿环礁、普卡普卡环礁、彭林环礁，以及签订于1856年的《鸟粪岛法》的鸟粪契约，对上述四岛提出权利主张。但美国对这几个岛屿从未进行过管理，基本没有利用过边界区域内的水域和海床。库克群岛在1977年发表了200海里专属经济区声明后，双方经过协商，美国放弃了对四个岛屿的主权要求，承认这些岛屿的主权归属库克群岛。通过这一条约，双方顺利解决了海洋划界问题。

2010年8月31日，美国海岸警卫队在库克群岛专属经济区海域查获一艘偷猎鲨鱼的捕捞船，在库克群岛渔业部执法人员的

同意下进行了双边执法。2012 年 8 月 31 日，时任美国国务卿希拉里率美国高层官员，出席了在库克群岛拉罗汤加岛召开的第 24 届太平洋岛国论坛峰会。另外，美国设立了美国—南太平洋奖学金计划与太平洋岛国妇女发展伙伴关系项目，促进了库克群岛等岛国教育水平的提高及妇女地位的改善。2015 年，美国宣称将继续扩大美国在南太平洋地区的海洋保护范围，并且通过向国际生态联盟太平洋办事处提供资助，对库克群岛海域进行保护。

库克群岛位于波利尼西亚群岛大三角中心，距离美国防卫司令部第十四区指挥部夏威夷较近。目前，各大国在太平洋岛国地区展开博弈已是不争的事实。外部因素的涉入也为这一地区的竞争态势增加了变数。

二　与欧盟的关系

2000 年 6 月，库克群岛加入了"非加太集团"，与欧盟在贝宁的科托努签署了《科托努协定》（原《洛美协定》）。为了加强沟通与对话，围绕该协定设立了非加太－欧盟部长理事会、非加太－欧盟大使委员会、非加太联合大会三个联合机构。其中，部长理事会由欧盟和非加太国家的部长级代表以及一名欧盟委员会的代表组成，为决策机构；大使委员会则由成员国的一名常驻代表、一名欧盟委员会代表以及非加太国家驻欧盟使团团长组成，起咨询和监督作用；联合大会由非加太国家代表及欧洲议会同等数量议员组成，为协商机构。《科托努协定》签订后，库克群岛在布鲁塞尔设立了驻欧盟代表处。2002 年，库克群岛将驻欧盟代表处升级为外交使团，这是库克群岛在太平洋区域外设立的第一个正式外交使团，新西兰人托德·麦卡雷自 2002 年至 2008 年首任外交使团团长一职。

从 2008 年到 2013 年，欧盟通过欧洲开发基金向库克群岛提供了价值 1200 万欧元的援助，主要用于库克群岛的供水和卫生设备改造，以改善公共健康、保护环境及促进经济增长。具体项目包括将环绕穆里泻湖周边的水处理设施中的化粪池升级到国际标准，该工程使附近 1 万名左右的居民受惠；为库克群岛国家机构和民间团体提供技术援助。欧盟援助的其他项目还有不少，如在"人人享有可持续能源"项目倡议下，欧盟出资 460 万欧元资助库克群岛外岛的可再生能源项目；2005 年，热带气旋"珀西"袭击了库克群岛，拉卡杭阿环礁四分之三的建筑遭受严重破坏，欧盟在该环礁援建了一所飓风避难所。欧洲开发基金将在 2014 ~ 2020 年内向库克群岛提供 1400 万欧元的援助，继续资助其完成供水和卫生设备改造。此外，欧盟还与太平洋地区基础设施基金、亚洲开发银行合作，资助库克群岛相关的能源及水处理项目。

双方在渔业方面也展开了密切合作。2016 年，库克群岛与欧盟达成一项为期 4 年的可持续性渔业合作伙伴协议。根据协议，欧盟每年将派遣 4 艘围网渔船在库克群岛海域作业，金枪鱼及其他高洄游鱼类年捕捞量约 7000 吨。欧盟每年支付库克群岛约 36.7 万欧元入渔费，另外每年还支付 35 万美元以支持库克群岛的渔业政策，具体包括加强渔业监测、控制等。再加上船主等其他的费用，库克群岛通过此协议每年总计将获得 530 万欧元资金。这一协议也为欧盟围网渔船进入库克群岛海域提供了相关制度框架。

第六节 与地区组织、国际组织的关系

自建国后，库克群岛一直重视参与地区事务，并不断扩展与世界其他地区的联系。在参加区域组织及国际组织方面，库克群岛一直持积极的态度。

一 与南太地区区域组织的关系

1966 年，库克群岛总理阿尔伯特·亨利随新西兰代表团参加了在新喀里多尼亚首府努美阿召开的南太平洋委员会会议。1971年，作为创始成员国，库克群岛在南太平洋论坛成立的过程中发挥了重要作用，其总理阿尔伯特·亨利力主把澳大利亚和新西兰纳入论坛。之后，库克群岛参加了南太平洋经济合作局、南太平洋渔业局。所罗门群岛爆发政治危机后，库克群岛积极支持建立地区援助团，对发生在所罗门群岛的军事政变实施干预，维护太平洋岛屿地区的稳定及安全。2003 年 7 月，太平洋岛国地区首个军事维和组织"所罗门群岛地区援助团"成立，澳大利亚、库克群岛等九国参加，积极协助所罗门群岛政府恢复法律和秩序及加强其警察队伍的能力。2011 年 11 月，库克群岛与萨摩亚、汤加等波利尼西亚国家一道成立了次区域组织"波利尼西亚领导人集团"，以保护和促进波利尼西亚区域文化、语言和传统，并通过共同合作来实现经济可持续发展与繁荣。库克群岛对推进大洋洲自由贸易态度积极。2017 年 6 月 14 日，库克群岛、汤加、纽埃、瑙鲁、萨摩亚、所罗门群岛、基里巴斯、图瓦卢 8 个太平洋岛国，与澳大利亚、新西兰一起在汤加首都努库阿洛法正式签署《太平洋更紧密经济关系协定》（PACER Plus）。《太平洋更紧密经济关系协定》涵盖了服务贸易、货物贸易以及投资领域。

二 与亚洲开发银行等国际组织的关系

创建于 1966 年 11 月 24 日的亚洲开发银行，总部设于菲律宾的首都马尼拉，致力于促进亚洲与太平洋地区发展中成员的经济和社会发展，主要由美国和日本共同主导。库克群岛于 1976 年加入亚洲开发银行，自 1976 年至今，亚洲开发银行对库克群岛批准了 20 笔贷款，总计 8690 万美元；提供了 3 笔赠款，总计 1230 万美元；提供了 36 个技术援助项目，总计 1210 万美元。① 主要用于库克群岛发展可再生能源、改善网络连通性以及应对自然灾害等，如在 2016 年 12 月 5 日，亚洲开发银行宣布为库克群岛提供 1395 万新西兰元（约合 1000 万美元）的政策性贷款，资助库克群岛的灾后恢复计划。

另外，库克群岛重视与联合国的关系。库克群岛是联合国开发计划署、联合国教科文组织、联合国粮农组织的成员国，在气候变化、环境保护、农业、文化等方面与这些组织密切合作。2015 年，库克群岛总理普那曾经就库克群岛加入联合国一事与新西兰总理约翰·基进行商谈，新西兰认为，库克群岛加入联合国后，库克群岛与新西兰的宪法关系将会发生变更，这在库克群岛国内也引起热议。反对党抨击普那，认为与新西兰关系改变之后，库克群岛目前所享受的由新西兰提供的诸种福利均会丧失。最终，库克群岛入联一事暂时搁浅。

---

① Asian Development Bank and the Cook Islands: Fact Sheet, https://www.adb.org/publications/cook-islands-fact-sheet.

大事纪年

1595 年	西班牙航海家阿尔瓦罗·德·门达纳·德·内拉率领探险队发现库克群岛。
1606 年	葡萄牙裔西班牙探险家佩德罗·费尔南德斯·奎罗斯登上库克群岛的拉卡杭阿环礁，成为有记载的首位登陆库克群岛的欧洲人。
1773 年	英国航海家詹姆斯·库克抵达库克群岛，为感谢英国海军副大臣赫维对其航海探险的支持，遂将所发现的群岛命名为赫维群岛。
1821 年	英国传教士抵达艾图塔基岛，成为该岛首批非波利尼西亚裔的定居者。
1824 年	俄国制图师冯·克洛森斯特恩为了纪念库克船长，开始用库克的名字命名这片岛屿，这一称呼沿用至今。
1823 年	英国传教士约翰·威廉姆斯抵达拉罗汤加岛传教，并成功地使最高酋长马基亚·波里·阿里基（Makea Pori Ariki）皈依基督教。
1858 年	拉罗汤加岛实现统一，拉罗汤加王国成立，马基亚·努伊·阿里基成为第一任国王。

1862～1863 年	奴隶贩子在彭林环礁、拉卡杭阿环礁、普卡普卡环礁大肆掳掠人口。
1888 年	库克群岛成为英国的"保护地",并成立了联邦议会。
1901 年	库克群岛被并入新西兰。
1946 年	库克群岛立法委员会成立。
1965 年	库克群岛成为自治领土,与新西兰保持自由联系关系。
1965 年	库克群岛党领袖阿尔伯特·亨利当选为库克群岛首任总理。
1974 年	库克群岛总理阿尔伯特·亨利被英国女王伊丽莎白二世授予爵士爵位。
1979 年	库克群岛总理阿尔伯特·亨利被发现在选举中存在舞弊行为,被撤销总理职位,并被剥夺爵士爵位。汤姆·戴维斯成为新一任总理。
1980 年	6 月 11 日,库克群岛与美国签订《美利坚合众国和库克群岛关于友好和划定美利坚合众国和库克群岛之间海洋边界的条约》,确定了库克群岛与美属萨摩亚之间的海洋边界。该条约自 1983 年 9 月 8 日起生效。
1981 年	库克群岛修改宪法,议会席位由 22 席增至 24 席,议员任期由每届 4 年改为 5 年。
1981 年	库克群岛总理汤姆·戴维斯被授予爵士爵位。
1982 年	12 月,库克群岛在《联合国海洋法公约》上签字。
1984 年	库克群岛首次产生联合政府,由汤姆·戴维斯与杰弗里·亨利共同组阁。
1985 年	8 月 6 日,参加南太平洋论坛第 16 届年会的 13 个

国家齐聚库克群岛的拉罗汤加岛，签署了《南太平洋无核区条约》，又称《拉罗汤加条约》。

1986 年	1 月，库克群岛总理宣布库克群岛中立。
1986 年	8 月，《南太平洋无核区条约》的三个附加议定书获得通过。同年 12 月 11 日，条约正式生效。
1990 年	库克群岛与法国政府达成海洋边界协定，确立了库克群岛与法属波利尼西亚之间的海洋边界。
1991 年	库克群岛与法国签署了友好合作条约，条约涉及经济发展、贸易、海洋专属区的监控等方面。
1995 年	库克群岛总理汤姆·戴维斯强烈谴责法国在南太平洋穆鲁罗阿环礁恢复核试验，为表示抗议，库克群岛派出一艘载有库克群岛传统武士的瓦卡独木舟奔赴附近海域示威。
1997 年	7 月 25 日，库克群岛与中华人民共和国建交。 9 月，第 28 届南太平洋论坛会议在库克群岛拉罗汤加岛举行。
2000 年	2 月，库克群岛与新西兰签署了双边航空协定。 6 月，库克群岛加入"非加太集团"，与欧盟在贝宁首都科托努签署了《科托努协定》（原《洛美协定》）。 8 月，库克群岛正式签署《中西太渔业公约》。
2001 年	2 月 9 日，弗雷德里克·古德温就任库克群岛女王代表。
2002 年	3 月 11 日，库克群岛议会通过对总理马奥阿特的不信任案，推选副总理温顿为新任总理。

2003 年	1 月 31 日，温顿解除副总理杰弗里·亨利全部职务，任命前总理马奥阿特为副总理。
2004 年	9 月，库克群岛宣布取消海外议席，议会任期由五年缩短为四年。
2005 年	11 月，库克群岛总理马鲁雷率太平洋岛国旅游部长代表团来华出席第七届中国国际旅游交易会。
2006 年	4 月，中国国务院总理温家宝在斐济出席"中国—太平洋岛国经济发展合作论坛"期间，会见库克群岛总理马鲁雷。
2007 年	在中国与库克群岛建交 10 周年之际，库克群岛总理马鲁雷于 9 月 24 日至 30 日访华，温家宝总理与其进行了会谈。
2008 年	7 月，库克群岛成为国际海事组织成员。
2009 年	1 月，库克群岛总理马鲁雷、副总理马奥阿特、外交部长拉斯姆森参加在巴布亚新几内亚召开的太平洋岛国论坛领导人特别会议。
	5 月，库克群岛总理马鲁雷参加在日本北海道举行的日本—太平洋岛国领导人峰会。
2010 年	11 月，库克群岛党在大选中获得 16 个议席，赢得大选。库克群岛党领袖亨利·普那出任总理。
2011 年	3 月，库克群岛与日本建交。
	11 月，库克群岛总理普那出席在新喀里多尼亚举行的太平洋共同体第七次会议。
2012 年	8 月 27 日至 31 日，第 43 届太平洋岛国论坛领导人系列会议在库克群岛的拉罗汤加岛举行。参加

会议的岛国领导人主要就太平洋岛国地区经济持续发展、海洋资源利用、气候变化、地区安全、贸易和斐济局势等议题展开了讨论，并就"太平洋计划"的实施与进展进行了总结与交流。

2013 年　10 月 8 ~ 12 日，应中联部邀请，库克群岛党议员、库克群岛政府基础设施与规划部部长希瑟访问中国，受到中联部副部长于洪君的接见。希瑟与中国土木工程集团有限公司负责人就拉罗汤加岛供水项目设计施工有关事宜进行商讨。

2014 年　11 月 22 日，中国国家主席习近平在斐济楠迪会见库克群岛总理普那。

2015 年　8 月 4 日，库克群岛隆重庆祝建国 50 周年。

2016 年　5 月，库克群岛被权威商旅杂志《全球旅行者》评选为"2016 年环太平洋最佳岛屿"。

2017 年　2 月 16 日，库克群岛供水项目中方援建工程竣工交接仪式在拉罗汤加岛举行。

参考文献

一 中文文献

"世界各国和地区渔业概况研究"课题组编《世界各国和地区渔业概况》（上册），海洋出版社，2002。

〔英〕库克：《库克船长日记：努力号于 1768～1771 年的航行》，刘秉仁译，商务印书馆，2013。

〔美〕马歇尔·萨林斯：《历史之岛》，蓝达居、张宏明、黄向春、刘永华译，上海人民出版社，2003。

〔英〕史密斯：《新西兰史》，傅有强译，商务印书馆，2009。

黄永莲、黄硕琳：《库克群岛金枪鱼渔业现状》，《现代渔业信息》2005 年第 4 期。

李原、蒋长瑜：《袖珍国》，上海科学技术出版社，2003。

世界知识出版社编《世界知识年鉴（2013/2014）》，世界知识出版社，2014。

唐纳德·B. 弗里曼：《太平洋史》，东方出版中心，2011。

王华：《夏威夷近代社会转型研究：1778～1854》，人民日报出版社，2016。

王宇博、汪诗明：《世界现代化历程·大洋洲卷》，江苏人民出版社，2012。

徐明远:《出使岛国:在南太的风雨岁月》,中国华侨出版社,1995。

徐明远:《南太平洋岛国和地区》,世界知识出版社,2003。

徐秀军:《地区主义与地区秩序:以南太平洋地区为例》,社会科学文献出版社,2013。

张荣生编著《大洋洲艺术》,河北教育出版社,2003。

赵亮:《库克群岛传统鼓乐生存现状》,《艺术评论》2012 年第 3 期。

二 英文文献

Beaglehole, Ernest, *Social Change in the South Pacific, Rarotonga and Aitutaki*, London : Allen and Unwin, 1957.

Brown, Bruce, ed. , *New Zealand in the Pacific*, Wellington, NZ: New Zealand Institute of Public Administration, 1970.

Campbell, I. C. , *A History of the Pacific Islands*, Christchurch, N. Z. : University of Canterbury Press, 1992.

Crocombe, Ron G. , *Land Tenure in the Cook Islands*, Melbourne Vic. : Oxford University Press, 1964.

Food and Agriculture Organization of the United Nations, *Climate Change and Food Security in Pacific Island Countries*, 2008.

Ghai, Yash H. *Law, Politics and Government in the Pacific Island States*, Institute of Pacific Studies, University of the South Pacific, Suva, 1988.

Gilson, Richard, *The Cook Islands, 1820 – 1950*, ed. R. G. Crcombe, Wellington, N. Z. : Victoria University Press in Association with the Institute of Pacific Studies of the University of the South Pacific, 1980.

Government of the Cook Islands, *Te Kaveinga Nui*: *National Sustainable Development Plan 2016 – 2020*, 2016.

Lal, Brij V., and Kate Fortune, *The Pacific Islands*: *An Encyclopedia*, Honolulu: University of Hawai'i Press, 2000.

三　主要网站

亚洲开发银行网站，http://www. adb. org/

库克群岛统计局网站，http://www. mfem. gov. ck/mfemdocs/stats/

太平洋岛国论坛网站，http://www. forumsec. org

新西兰统计局网站，http://www. stats. govt. nz/

索　引

阿尔伯特·亨利　23，47～49，58，59，
　64，73，92，145，160，164

"阿里基"　34

公共服务委员会　52，65，66

鼓乐　136，137

《独立报》　143，144

库克群岛党　47，49～51，58～64，72，
　73，164，166，167

《库克群岛可持续发展计划》　49

《库克群岛先驱报》　143，144

《库克群岛新闻》　143

库图努伊　22，53，69，70

《拉罗汤加条约》　48，146，165

拉罗汤加王国　41，163

"拉维"　20～22，126

伦敦宣教会　12，14，23，39～41，

128，130

民主党　10，48，50，51，58～64，72，
　73

女王代表　51，53～55，62～66，68～
　71，165

"太平洋计划"　149，167

特里奥拉中学　50，51，129，130

提瓦瓦　31，137，138

一个库克群岛运动党　62，63，73

伊利亚通信公司　142～144

约翰·威廉姆斯　14，31，39，40，
　128，163

詹姆斯·库克　1，29，37，163

自由联系关系　46，47，56，148，164

最高酋长院　10，22，47，53，68～70

新版《列国志》总书目

亚 洲

阿富汗

阿拉伯联合酋长国

阿曼

阿塞拜疆

巴基斯坦

巴勒斯坦

巴林

不丹

朝鲜

东帝汶

菲律宾

格鲁吉亚

哈萨克斯坦

韩国

吉尔吉斯斯坦

柬埔寨

卡塔尔

科威特

老挝

黎巴嫩

马尔代夫

马来西亚

蒙古国

孟加拉国

缅甸

尼泊尔

日本

沙特阿拉伯

斯里兰卡

塔吉克斯坦

泰国

土耳其

土库曼斯坦

文莱

乌兹别克斯坦

新加坡

叙利亚

亚美尼亚

也门

伊拉克

伊朗

以色列

印度

印度尼西亚

约旦

越南

非洲

阿尔及利亚
埃及
埃塞俄比亚
安哥拉
贝宁
博茨瓦纳
布基纳法索
布隆迪
赤道几内亚
多哥
厄立特里亚
佛得角
冈比亚
刚果
刚果民主共和国
吉布提
几内亚
几内亚比绍
加纳
加蓬
津巴布韦
喀麦隆
科摩罗
科特迪瓦
肯尼亚
莱索托
利比里亚
利比亚
卢旺达
马达加斯加

马拉维
马里
毛里求斯
毛里塔尼亚
摩洛哥
莫桑比克
纳米比亚
南非
南苏丹
尼日尔
尼日利亚
塞拉利昂
塞内加尔
塞舌尔
圣多美和普林西比
斯威士兰
苏丹
索马里
坦桑尼亚
突尼斯
乌干达
赞比亚
乍得
中非

欧洲

阿尔巴尼亚
爱尔兰
爱沙尼亚
安道尔
奥地利
白俄罗斯

保加利亚

北马其顿

比利时

冰岛

波兰

波斯尼亚和黑塞哥维那

丹麦

德国

俄罗斯

法国

梵蒂冈

芬兰

荷兰

黑山

捷克

克罗地亚

拉脱维亚

立陶宛

列支敦士登

卢森堡

罗马尼亚

马耳他

摩尔多瓦

摩纳哥

挪威

葡萄牙

瑞典

瑞士

塞尔维亚

塞浦路斯

圣马力诺

斯洛伐克

斯洛文尼亚

乌克兰

西班牙

希腊

匈牙利

意大利

英国

美洲

阿根廷

安提瓜和巴布达

巴巴多斯

巴哈马

巴拉圭

巴拿马

巴西

秘鲁

玻利维亚

伯利兹

多米尼加

多米尼克

厄瓜多尔

哥伦比亚

哥斯达黎加

格林纳达

古巴

圭亚那

海地

洪都拉斯

加拿大

美国

墨西哥

尼加拉瓜

萨尔瓦多

圣基茨和尼维斯

圣卢西亚

圣文森特和格林纳丁斯

苏里南

特立尼达和多巴哥

危地马拉

委内瑞拉

乌拉圭

牙买加

智利

大洋洲

澳大利亚

巴布亚新几内亚

斐济

基里巴斯

库克群岛

马绍尔群岛

密克罗尼西亚

瑙鲁

纽埃

帕劳

萨摩亚

所罗门群岛

汤加

图瓦卢

瓦努阿图

新西兰

国别区域与全球治理数据平台

www.crggcn.com

　　"国别区域与全球治理数据平台"（Countries, Regions and Global Governance, CRGG）是社会科学文献出版社重点打造的学术型数字产品，对接国别区域这一重点新兴学科，围绕国别研究、区域研究、国际组织、全球智库等领域，全方位整合基础信息、一手资料、科研成果，文献量达30余万篇。该产品已建设成为国别区域与全球治理数据资源与研究成果整合发布平台，可提供包括资源获取、科研技术服务、成果发布与传播等在内的多层次、全方位的学术服务。

　　从国别区域和全球治理研究角度出发，"国别区域与全球治理数据平台"下设国别研究数据库、区域研究数据库、国际组织数据库、全球智库数据库、学术专题数据库和学术资讯数据库6大数据库。在资源类型方面，除专题图书、智库报告和学术论文外，平台还包括数据图表、档案文件和学术资讯。在文献检索方面，平台支持全文检索、高级检索，并可按照相关度和出版时间进行排序。

　　"国别区域与全球治理数据平台"应用广泛。针对高校及国别区域科研机构，平台可提供专业的知识服务，通过丰富的研究参考资料和学术服务推动国别区域研究的学科建设与发展，提升智库学术科研及政策建言能力；针对政府及外事机构，平台可提供资政参考，为相关国际事务决策提供理论依据与资讯支持，切实服务国家对外战略。

数据库体验卡服务指南

※100元数据库体验卡，可在"国别区域与全球治理数据平台"充值和使用

充值卡使用说明：
第1步　刮开附赠充值卡的涂层；
第2步　登录国别区域与全球治理数据平台（www.crggcn.com），注册账号；
第3步　登录并进入"会员中心"→"在线充值"→"充值卡充值"，充值成功后即可使用。

声明

最终解释权归社会科学文献出版社所有

客服QQ：671079496
客服邮箱：crgg@ssap.cn

欢迎登录社会科学文献出版社官网（www.ssap.com.cn）和国别区域与全球治理数据平台（www.crggcn.com）了解更多信息

图书在版编目（CIP）数据

库克群岛／王作成编著. －－北京：社会科学文献
出版社，2017.8（2022.3重印）
（列国志：新版）
ISBN 978 - 7 - 5201 - 1265 - 9

Ⅰ.①库…　Ⅱ.①王…　Ⅲ.①库克群岛－概况　Ⅳ.
①K964.1

中国版本图书馆 CIP 数据核字（2017）第 202477 号

·列国志（新版）·

库克群岛（Cook Islands）

编　　著／王作成

出 版 人／王利民
项目统筹／张晓莉
责任编辑／叶　娟
责任印制／王京美

出　　版／社会科学文献出版社·国别区域分社（010）59367078
　　　　　地址：北京市北三环中路甲29号院华龙大厦　邮编：100029
　　　　　网址：www.ssap.com.cn
发　　行／社会科学文献出版社（010）59367028
印　　装／唐山玺诚印务有限公司

规　　格／开　本：787mm×1092mm　1/16
　　　　　印　张：13.5　插　页：1　字　数：152千字
版　　次／2017年8月第1版　2022年3月第2次印刷
书　　号／ISBN 978 - 7 - 5201 - 1265 - 9
定　　价／59.00元

读者服务电话：4008918866